LE CIEL (II)

« Les douze portes étaient douze perles,
chaque porte était d'une seule perle.
La place de la ville était d'or pur,
comme du verre transparent. »
(Apocalypse 21:21)

LE CIEL (II)

Rempli de la gloire de dieu

Dr. Jaerock Lee

LE CIEL II : par le Dr. Jaerock Lee
Publié par Urim Books (Représentant:Seongkeon Vin)
361-66, Shindaebang-Dong, Dongjak-Gu, Séoul, Corée
www.urimbooks.com

Tous droits réservés. Ce livre dans sa totalité ou en partie ne peut être reproduit sous aucune forme, ni stocké dans un système de sauvegarde, ni transmis sous quelque forme que ce soit, électronique, mécanique, photocopies, enregistrement ou toute autre, sans l'accord écrit de l'éditeur.

Toutes les citations de la Bible proviennent de la Bible de Genève, traduction Louis Segond, sauf si spécifié autrement.

Copyright © 2013 par le Dr. Jaerock Lee
ISBN: 978-89-7557-693-5, ISBN : 978-89-7557-689-8(set)
Copyright de Traduction © 2006 par le Dr. Esther Kooyoung Chung

Première publication: Septembre 2006
Seconde édition: Mars 2013

Précédemment publié en coréen par Urim Books, Séoul, Corée en 2002

Edité par Geumsun Vin
Traduit en français par le Rév. Dr. Guy Davidts
Maquette par le Bureau d'Edition d'Urim Books
Imprimé par la société Yewon Printing
Pour plus d'informations, contactez urimbook@hotmail.com

Préface

Priant pour que vous puissiez devenir un véritable enfant de Dieu et que vous partagiez Son amour véritable dans l'éternel bonheur et la joie de la Nouvelle Jérusalem, là où abonde l'amour de Dieu...

Je donne toute reconnaissance et gloire à Dieu le Père, qui m'a clairement révélé la vie au ciel, et qui nous a bénis pour publier *Le Ciel I: Aussi Clair et Beau que le Cristal*, et maintenant *Le Ciel II: Rempli de la Gloire de Dieu*.

J'avais aspiré à connaître le ciel dans le détail, et j'ai continué à prier et à jeûner. Après sept ans, Dieu a finalement répondu à mes prières et aujourd'hui, Il révèle les secrets les plus profonds sur le monde spirituel.

Dans la première des deux parties sur *Le Ciel*, j'ai brièvement introduit les différents lieux de séjour dans le ciel, les cataloguant en Paradis, Premier Royaume, Second Royaume, Troisième Royaume et Nouvelle Jérusalem. La seconde *Le Ciel II* va explorer avec beaucoup de détails le plus beau et glorieux lieu de séjour de tous dans le ciel, la Nouvelle Jérusalem.

Le Dieu d'amour a montré la Nouvelle Jérusalem à l'apôtre Jean et lui a permis de la relater dans la Bible. Aujourd'hui, alors que l'Avènement de Jésus est tellement proche, Dieu répand le Saint-Esprit sur un nombre incalculable de gens et révèle le ciel avec de nombreux détails. C'est ainsi que de nombreux non croyants partout dans le monde vont croire dans la vie après la mort qui comprend le ciel et l'enfer, et que ceux qui confessent leur foi en Jésus-Christ mèneront des vies glorieuses en Lui et s'efforceront de répandre l'évangile partout autour du globe.

C'est pourquoi l'apôtre Paul, qui était en charge de répandre l'évangile aux Païens, a exhorté son fils spirituel Timothée à *«être sobre en toutes choses, supporter les souffrances, faire l'œuvre d'un évangéliste, et bien remplir son ministère.»* (2 Timothée 4:5).

Dieu m'a clairement révélé le ciel et l'enfer afin que je puisse répandre le rapport des temps à venir aux quatre coins du monde. Dieu veut que tous les gens reçoivent leur salut. Il ne veut même pas voir une seule âme se perdre en enfer. De plus, Dieu veut qu'autant de gens que possible puissent entrer et demeurer perpétuellement dans la Nouvelle Jérusalem.

C'est pourquoi, personne ne doit juger ni condamner ces messages révélés par Dieu sous l'inspiration du Saint-Esprit.

Dans *Le Ciel II* vous trouverez une grande part des secrets

Préface

concernant le ciel, tels que l'apparence de Dieu qui a existé avant le commencement des temps, le trône de Dieu et d'autres choses similaires. Je crois que de tels détails et comptes rendus vont fournir à tous ces gens, qui désirent ardemment entrer au ciel, un volume énorme de joie et de bonheur.

La ville de la Nouvelle Jérusalem construite avec un amour incommensurable et l'étonnante puissance de Dieu, est remplie de Sa gloire. Dans la Nouvelle Jérusalem se trouve le sommet spirituel où Dieu s'est divisé dans la Trinité afin de réaliser la culture humaine, ainsi que le trône même de Dieu. Pouvez-vous imaginer combien merveilleux, beau et brillant l'ensemble de cet endroit doit être? C'est un endroit tellement formidable et saint qu'aucune sagesse humaine ne peut imaginer!

Pour cela, vos devez réaliser que la Nouvelle Jérusalem n'est pas donnée en récompense à tous ceux qui reçoivent le salut. Au contraire, elle n'est donnée qu'aux enfants de Dieu dont le cœur, après avoir été cultivé sur cette terre pendant longtemps, est devenu pur et clair comme le cristal.

Je remercie particulièrement Geumsun Vin, la Directrice du Bureau d'Edition et son équipe, et l'équipe de traduction anglaise.

Je prie au nom du Seigneur Jésus-Christ que quiconque lit ce livre puisse devenir un vrai enfant de Dieu et partager son amour véritable dans le bonheur et la joie éternelle de la Nouvelle Jérusalem qui est remplie de la gloire de Dieu!

Jaerock Lee

 Introduction

Espérant que vous soyez bénis alors que vous trouvez les détails les plus lucides à propos de la Nouvelle Jérusalem, et que vous passiez l'éternité aussi près que possible du trône de Dieu au ciel...

Je donne toute reconnaissance et gloire à Dieu qui nous a bénis pour publier *Le Ciel I: Aussi Clair et Beau que le Cristal*, et maintenant sa suite, *Le Ciel II: Rempli de la Gloire de Dieu*.

Ce livre comprend neuf chapitres qui tous procurent une description claire du plus beau et plus saint lieu de séjour du ciel, la Nouvelle Jérusalem; en terme de taille, splendeur et vie à l'intérieur.

Chapitre 1, «La Nouvelle Jérusalem: Remplie de la Gloire de Dieu», procure une vue d'ensemble de la Nouvelle Jérusalem et explique des secrets tels que le trône de Dieu et le sommet du monde spirituel où Dieu Lui-même s'est divisé en la Trinité.

Chapitre 2, « Les Noms des Douze Tribus et des Douze Apôtres, » explique l'apparence extérieure de la ville de la Nouvelle Jérusalem. Elle est entourée de murs élevés et énormes, et les noms des Douze Tribus d'Israël sont inscrits sur les douze portes de la ville aux quatre coins. Sur les douze fondations de la ville sont les noms des douze Apôtres, et la raison et la signification de chaque inscription sera clarifiée.

Chapitre 3, « La Taille de la Nouvelle Jérusalem, » vous découvrirez l'apparence et les dimensions de la Nouvelle Jérusalem. Ce chapitre explique pourquoi Dieu mesure la taille de la Nouvelle Jérusalem avec un cordeau d'or et que pour entrer et demeurer dans la ville, il faut posséder toutes les qualifications spirituelles, mesurées par le cordeau d'or.

Chapitre 4, « Faite d'Or Pur et de Joyaux de Toutes les Couleurs », explore dans chaque détail chaque matériau avec lequel est construite la ville de la Nouvelle Jérusalem. La ville entière est décorée avec de l'or pur et d'autres pierres précieuses, et le chapitre décrit la beauté de leurs couleurs, éclat et lumière. De plus, en expliquant pourquoi Dieu a couvert les murs de la ville de jaspe et l'entièreté de la Nouvelle Jérusalem avec le l'or pur, qui est clair comme du verre, le chapitre traite aussi de l'importance de la foi spirituelle.

Chapitre 5, « Les Significations des Douze Fondements, » vous parlera des murs de la Nouvelle Jérusalem, bâti sur douze

Introduction

fondations, et la beauté et la signification spirituelle du jaspe, du saphir, de la calcédoine, de l'émeraude, de la sardonyx, de la sardoine, de la chrysolithe, du béryl, de la topaze, de la chrysoprase, du hyacinthe et de l'améthyste. Lorsque vous additionnez la signification spirituelle de chacun des douze joyaux, vous allez trouver le cœur de Jésus-Christ et le cœur de Dieu. Ce chapitre vous encourage à accomplir les cœurs représentés par les douze joyaux afin que vous puissiez entrer et demeurer éternellement dans la ville de la Nouvelle Jérusalem.

Chapitre 6, «Les Douze Portes de Perles et la Route d'Or,» explique la raison et la signification spirituelle de la décision de Dieu de faire les douze portes de perle aussi bien que la signification spirituelle de la route d'or qui est aussi claire que le verre. Tout comme une huître produit une perle précieuse après avoir connu une grande douleur, le chapitre vous encourage à courir vers les Douze Portes de Perle de la Nouvelle Jérusalem en surmontant toute espèce d'épreuves et de difficultés dans la foi et avec espérance.

Chapitre 7, «Le Charmant Spectacle,» vous entraîne dans les murs de la ville de la Nouvelle Jérusalem qui est toujours brillamment éclairée. Vous apprendrez la signification spirituelle de la phrase, «Dieu et l'Agneau sont son temple,» la taille et la beauté du château dans lequel réside le Seigneur, et la gloire des gens qui entreront dans la Nouvelle Jérusalem pour passer l'éternité avec le Seigneur.

Chapitre 8, «J'ai Vu la Ville Sainte, la Nouvelle Jérusalem,» vous introduit la maison d'une personne parmi les nombreux qui auront mené une vie fidèle et sanctifiée sur la terre, qui doit recevoir de grandes récompenses dans le ciel. Vous serez capables de saisir un aperçu des jours heureux qui attendent dans la Nouvelle Jérusalem, en lisant au sujet des différentes tailles et splendeurs des maisons célestes, les différentes espèces de services et la vie d'ensemble dans le ciel.

Chapitre 9 et dernier chapitre, «Le Premier Banquet dans la Nouvelle Jérusalem,» vous amène à la scène du premier banquet qui se tiendra dans la Nouvelle Jérusalem après le Jugement du Grand Trône Blanc. Avec l'introduction de certains ancêtres de la foi qui demeurent près du trône de Dieu, Le Ciel II conclut en bénissant chaque lecteur à avoir un cœur qui est aussi pur et clair que le cristal afin qu'il/elle puisse être capable de demeurer plus près du trône de Dieu dans la Nouvelle Jérusalem.

Plus vous apprenez au sujet du ciel, plus cela devient miraculeux. La Nouvelle Jérusalem qui peut être considérée comme le «noyau» du ciel est l'endroit où vous trouverez le trône de Dieu. Si vous connaissez la beauté et la gloire de la Nouvelle Jérusalem, vous allez sûrement et ardemment désirer le ciel et être éclairés à propos de votre vie en Christ.

Comme le temps du retour de Jésus avant lequel Il aura terminé de préparer les lieux de séjour au ciel pour nous, est extrêmement proche aujourd'hui, avec *Le Ciel II: Rempli de la*

*Gloire de Die*u j'espère que *vous* allez vous préparer pour la vie éternelle également.

Je prie au nom du Seigneur que vous serez capables de demeurer près du trône de Dieu en vous sanctifiant vous-mêmes avec l'espérance fervente de vivre dans la Nouvelle Jérusalem et d'être fidèles dans toutes les tâches que Dieu vous a confiées.

Geumsun Vin,
Directrice du Bureau d'Edition

Table des matières

Préface

Introduction

Chapitre 1 **La Nouvelle Jérusalem: Remplie de la Gloire de Dieu • 1**

    Dans la Nouvelle Jérusalem se Trouve le Trône de Dieu
    L'Epouse de l'Agneau
    Brillante comme des Joyaux Etincelants et Claire comme le Cristal

Chapitre 2 **Les Noms des Douze Tribus et des Douze Apôtres • 13**

    Douze Anges Gardent les Portes
    Les Noms des Douze Tribus d'Israël Inscrits sur les Douze Portes
    Les Noms des Douze Disciples Inscrits sur les Douze Fondements

Chapitre 3 **La Taille de la Nouvelle Jérusalem • 31**

    Mesurée avec un Roseau d'Or
    Une Nouvelle Jérusalem de Forme Cubique

Chapitre 4 **Faite d'Or Pur et de Joyaux de Toutes les Couleurs • 39**

    Décorée d'Or Pur et de Toutes Espèces de Joyaux
    Les Murs de la Nouvelle Jérusalem Faits de Jaspe
    Faite d'Or Pur Semblable à du Verre Pur

Chapitre 5 **Les Significations des Douze Fondements • 49**

    Jaspe: Foi spirituelle
    Saphir: Droiture et intégrité
    Calcédoine: Innocence et amour sacrificiel
    Émeraude: Droiture et pureté
    Sardonyx: Fidélité spirituelle
    Sardoine: Amour passionné
    Chrysolite: Miséricorde
    Béryl: Patience
    Topaze: Bonté spirituelle
    Chrysoprase: Maîtrise de soi
    Hyacinthe: Pureté et sainteté
    Améthyste: Beauté et douceur

Chapitre 6 **Les Douze Portes de Perles et la Route d'Or • 97**

    Les Douze Portes en Perles
    Des Rues Faites d'Or Pur

Chapitre 7 **Le Charmant Spectacle • 113**

    Pas Besoin de l'Eclat du Soleil ni de la Lune
    Le Ravissement de la Nouvelle Jérusalem
    Pour Toujours avec le Seigneur, Notre Epoux
    La Gloire des Résidents de la Nouvelle Jérusalem

Chapitre 8 **« J'ai Vu la Ville Sainte, la Nouvelle Jérusalem » • 139**

    Des Maisons Célestes de Tailles Inimaginables
    Un Magnifique Château avec une Complète Intimité
    Les Endroits de Tourisme au Ciel

Chapitre 9 **Le Premier Banquet dans la Nouvelle Jérusalem • 171**

    Le Premier Banquet dans la Nouvelle Jérusalem
    Les Prophètes au Premier Rang du Ciel
    De Belles Femmes devant la face de Dieu
    Marie de Magdala Demeurant près du Trône de Dieu

Chapitre 1

La Nouvelle Jérusalem: Remplie de la Gloire de Dieu

Il me transporta en esprit sur une grande et haute montagne. Et Il me montra la ville sainte, la Nouvelle Jérusalem, qui descendait du ciel d'auprès de Dieu, ayant la gloire de Dieu. Son éclat était semblable à celui d'une pierre très précieuse, d'une pierre de jaspe transparente comme du cristal.

- Apocalypse 21:10-11

Le ciel est un royaume dans le monde à quatre dimensions, dirigé par le Dieu d'amour et de justice Lui-même. Malgré qu'il ne soit pas visible à l'œil nu, le ciel existe sûrement. Combien le bonheur, la joie, la reconnaissance et la gloire seraient débordants dans le ciel étant donné que c'est le don le meilleur que Dieu a préparé pour Ses enfants qui ont reçu le salut?

Il y a cependant différents lieux de séjour dans le ciel. Il y a la Nouvelle Jérusalem dans laquelle se trouve le trône de Dieu, et il y a aussi le Paradis où les gens qui sont sauvés de justesse demeureront éternellement. Tout comme la vie dans une hutte diffère de manière significative de la vie dans le château d'un roi, même sur cette terre, il y a une grande différence de gloire entre le fait d'entrer au Paradis et d'entrer dans la Nouvelle Jérusalem.

Malgré tout, certains croyants considèrent «le ciel» et la «Nouvelle Jérusalem» comme étant pareils, et certains d'entre eux ne savent même pas qu'il y a une Nouvelle Jérusalem. Combien cela est triste! Ce n'est pas facile de posséder le ciel même si vous le connaissez, alors, comment peut-on avancer vers la Nouvelle Jérusalem sans la connaître?

C'est pourquoi Dieu a révélé la Nouvelle Jérusalem à l'apôtre Jean et lui a permis d'en parler en détail dans la Bible. Apocalypse 21:11 explique la Nouvelle Jérusalem en profondeur, et Jean a été ému uniquement en en voyant l'extérieur. Il a confessé, *«Son éclat était semblable à celui d'une pierre très précieuse, d'une pierre de jaspe transparente comme du cristal.»*

Pourquoi donc, la Nouvelle Jérusalem est-elle remplie de la gloire de Dieu?

Dans la Nouvelle Jérusalem se Trouve le Trône de Dieu

Dans la Nouvelle Jérusalem se trouve le trône de Dieu. Combien remplie de gloire la Nouvelle Jérusalem doit elle être puisque Dieu demeure en elle?

C'est pourquoi vous pouvez voir que les gens donnent gloire, reconnaissance et honneur à Dieu jour et nuit dans Apocalypse 4:8, *«Les quatre êtres vivants ont chacun six ailes, et ils sont remplis d'yeux tout autour et au-dedans. Il ne cessent de dire jour et nuit: Saint, saint, saint est le Seigneur Dieu tout puissant, qui était, qui est et qui vient.»*

La Nouvelle Jérusalem est aussi appelée la «Ville Sainte» parce qu'elle a été renouvelée par la Parole de Dieu, qui est fidèle, sans blâme et la lumière même sans qu'aucunes ténèbres ne soient trouvées en elle.

Jérusalem est l'endroit où Jésus qui est venu en chair pour ouvrir la voie du salut pour toute l'humanité, a prêché l'évangile et accompli la Loi avec amour. C'est pourquoi, Dieu a bâti la Nouvelle Jérusalem comme lieu de séjour pour tous les croyants qui ont accompli la Loi avec amour.

Le Trône de Dieu au Centre de la Nouvelle Jérusalem

Alors, où dans la Nouvelle Jérusalem se trouve le trône de Dieu ? La réponse nous est donnée dans Apocalypse 22:3-4 :

Il n'y aura plus d'anathème. Le trône de Dieu et de l'agneau sera dans la ville; Ses serviteurs le serviront, et verront Sa face, et Son nom sera sur leurs fronts.

Le trône de Dieu est situé au centre de la Nouvelle Jérusalem, et uniquement ceux qui obéissent à la Parole de Dieu comme des serviteurs obéissants peuvent y entrer et voir la face de Dieu.

C'est parce que Dieu nous a dit dans Hébreux 12:14, *«Recherchez la paix avec tous, et la sanctification sans laquelle personne ne verra le Seigneur,»* et dans Matthieu 5:8, *«Heureux ceux qui ont le cœur pur, car ils verront Dieu.»*

Pour cela, vous devez réaliser que tous ne peuvent pas entrer dans la Nouvelle Jérusalem qui abrite le trône de Dieu, de la même manière où tous ne peuvent pas entrer dans une pièce ou un bâtiment dans lequel séjourne un président ou un roi et le voir face à face, même dans ce monde.

A quoi ressemble le trône de Dieu ? Certains pourraient croire qu'il ne ressemble qu'à une grande chaise, mais ce n'est pas le cas. Dans un sens étroit, il s'agit d'un siège sur lequel Dieu est assis, mais dans un sens large, il s'agit de l'endroit où Dieu réside. Donc, le « Trône de Dieu » se réfère au lieu de séjour de Dieu, et autour de Son trône, au centre de la Nouvelle Jérusalem, il y a des arcs-en-ciel et les trônes des 24 vieillards.

Des arcs-en-ciel et les trônes des 24 vieillards

Vous pouvez ressentir la beauté, la magnificence et la taille du trône de Dieu en Apocalypse 4:3-6 :

> *Celui qui était sur le trône avait l'aspect d'une pierre de jaspe et de sardoine; et le trône était environné d'un arc-en-ciel semblable à de l'émeraude. Autour du trône, je vis vingt-quatre trônes et sur ces trônes vingt-quatre vieillards assis, revêtus de vêtements blancs, et sur leur tête des couronnes d'or. Du trône sortent des éclairs, des voix et des coups de tonnerre. Devant le trône brûlent sept lampes ardentes qui sont les sept esprits de Dieu. Il y a encore devant le trône comme une mer de verre semblable à du cristal. Au milieu du trône et autour du trône, il y a quatre êtres vivants remplis d'yeux devant et derrière.*

Beaucoup d'anges et d'armées célestes servent Dieu. Il y a aussi beaucoup d'autres créatures célestes telles que des chérubins et les quatre êtres vivants qui le gardent.

La mer de verre est aussi étalée devant le trône de Dieu. La vue en est tellement merveilleuse, avec beaucoup de sortes de lumières qui entourent le trône de Dieu et qui se reflètent dans la mer de verre.

Comment les vingt-quatre vieillards entourent-ils le trône de

Dieu ? Douze d'entre eux sont situés derrière le Seigneur et les autres douze derrière le Saint-Esprit. Ces vingt-quatre vieillards sont des êtres sanctifiés et ils ont le droit de témoigner devant Dieu.

Le trône de Dieu est tellement beau, magnifique et grand, au-delà de l'imagination humaine.

Le trône originel de Dieu

Actes 7:55-56 raconte Etienne qui voit le trône de l'Agneau à la droite du trône de Dieu :

> *Mais Etienne, rempli du Saint-Esprit et fixant les regards vers le ciel, vit la gloire de Dieu et Jésus debout à la droite de Dieu, et il dit : Voici, je vois les cieux ouverts et le Fils de l'homme debout à la droite de Dieu.*

Etienne est devenu un martyr en étant lapidé pendant qu'il prêchait Jésus avec assurance. Juste avant qu'Etienne ne meure, ses yeux spirituels se sont ouverts et il a pu voir le Seigneur debout à la droite du trône de Dieu. Le Seigneur ne pouvait pas rester assis, en sachant qu'Etienne deviendrait rapidement un martyr par les juifs qui avaient entendu son message. Le Seigneur s'est donc levé de Son trône et a versé des larmes en regardant Etienne lapidé à mort, et Etienne a vu cette scène de ses yeux spirituels ouverts.

De la même manière, Etienne a vu le trône de Dieu où Dieu et le Seigneur demeurent, et vous devez réaliser que ce trône est différent de celui qu'a vu l'apôtre Jean dans la Nouvelle Jérusalem.

Dans les jours anciens, lorsque le roi quittait son palais

pour visiter le pays et ses habitants, son personnel bâtissait un endroit qui ressemble à un palais pour que le roi puisse y rester temporairement. De la même manière, le trône de Dieu dans la Nouvelle Jérusalem n'est pas le trône où Dieu réside d'habitude, mais celui où il demeure pour des moments courts.

Dieu existait seul, embrassant tout l'univers avant le commencement des temps (Exode 3:14; Jean 1:1; Apocalypse 22:13). L'univers en ce temps-là n'était pas le même que celui que nous voyons de nos yeux aujourd'hui, mais il était un espace unique avant la division entre les mondes physique et spirituel. Dieu existait en tant que lumière et il éclairait tout l'univers.

Il n'était pas un simple rayon de lumière, mais il existait en de tellement brillantes et belles lumières qu'elles étaient comme un flot d'eau reflétant les couleurs d'un arc-en-ciel. Vous pourriez mieux comprendre cela si vous pensez à une Aurore vue du Pôle Nord. Une aurore est un groupe de différentes couleurs de lumières étendues comme un rideau, et on dit que la vue en est tellement belle de sorte que si quelqu'un la voit une seule fois, il ne peut plus en oublier la beauté.

Alors, combien plus belles doivent être les lumières de Dieu – qui est la lumière même – et comment pouvons-nous exprimer la splendeur de tellement de belles lumières mélangées.

C'est pourquoi, il est écrit dans 1 Jean 1:5, *«La nouvelle que nous avons apprise de lui, et que nous vous annonçons, c'est que Dieu est lumière et qu'il n'y a point en lui de ténèbres.»* La raison pour laquelle il est dit «Dieu est lumière» n'est pas uniquement pour en exprimer la signification spirituelle de ce que Dieu n'a pas de ténèbres du tout, mais aussi pour décrire l'apparence de Dieu qui existait en tant que lumière avant le commencement.

Ce vrai Dieu, qui avant le commencement des temps existait

seul en tant que la lumière dans l'univers, était rempli de voix.
Dieu existait en tant que la lumière remplie de voix, et cette voix est «la Parole» dont parle Jean 1:1: *«Au commencement était la Parole, et la Parole était avec Dieu, et la Parole était Dieu.»*

L'Epouse de l'Agneau

Dieu veut que tous les gens ressemblent à Son cœur et entrent dans la Nouvelle Jérusalem. Il montre cependant Sa miséricorde à ceux qui n'ont pas encore atteint ce niveau de sanctification au travers de la culture humaine. Il a divisé le royaume des cieux en divers lieux de séjour du Paradis au Premier, Second et Troisième Royaumes des cieux et Il récompense Ses enfants selon ce qu'ils ont fait.

Dieu donne la Nouvelle Jérusalem à Ses vrais enfants qui sont totalement sanctifiés et ont été fidèles dans toute Sa maison. Il a construit la Nouvelle Jérusalem en souvenir de Jérusalem, le fondement de l'évangile, et en tant que nouveau vase pour tout contenir de ce qu'ils ont accompli de la loi avec amour.

Nous pouvons lire dans Apocalypse 21:2 que Dieu a préparé la Nouvelle Jérusalem tellement belle que la ville fait penser à Jean, à une épouse qui s'est magnifiquement préparée pour son époux.

J'ai vu la ville sainte, la Nouvelle Jérusalem descendre du ciel de Dieu, préparée comme une épouse magnifiquement parée pour son époux.

La Nouvelle Jérusalem est comme une épouse magnifiquement parée

Dieu prépare des lieux de séjour glorieux dans le ciel pour les épouses du Seigneur qui se préparent elles-mêmes magnifiquement pour recevoir l'époux spirituel, le Seigneur Jésus en circoncisant leurs cœurs. Le plus bel endroit parmi ces lieux de séjour célestes est la ville de la Nouvelle Jérusalem.

C'est pourquoi Apocalypse 21:9 explique la ville de la Nouvelle Jérusalem, qui est la plus merveilleusement décorée pour les épouses du Seigneur, en tant que *«L'épouse, la femme de l'agneau.»*

Combien enthousiasmante sera la Nouvelle Jérusalem compte tenu que c'est le meilleur don pour les épouses du Seigneur que le Dieu d'amour a préparé Lui-même ? Les gens seront tellement remués lorsqu'ils entreront dans leurs maisons respectives, bâties et soignées par l'amour de Dieu et ses considérations délicates et détaillées. C'est parce que Dieu fait en sorte que chaque maison puisse parfaitement convenir aux goûts du propriétaire.

Une épouse sert son mari et pourvoit à un endroit pour qu'il puisse se reposer. Dans le même sens, les maisons dans la Nouvelle Jérusalem servent et étreignent les épouses du Seigneur. L'endroit est tellement confortable et sûr que les gens sont remplis de bonheur et de joie.

Dans ce monde, peu importe combien une femme sert bien son mari, elle ne peut pas lui donner la paix et la joie. Cependant, les maisons dans la Nouvelle Jérusalem peuvent donner la paix et la joie que les gens ne peuvent pas expérimenter dans ce monde, parce que ces maisons sont faites afin de satisfaire pleinement les goûts du propriétaire. Les maisons sont construites merveilleusement et magnifiquement selon les goûts du propriétaire, parce qu'elles sont faites pour les gens dont les cœurs ressemblent au cœur de Dieu. Combien merveilleuses et brillantes doivent-elles être, étant donné que le Seigneur est en charge de la construction?

Si vous croyez vraiment au ciel, vous serez heureux uniquement en pensant à tant d'anges qui construisent les maisons célestes avec de l'or et des joyaux, suivant la loi de Dieu qui récompense chaque individu selon ce qu'il a fait.

Pouvez-vous imaginer combien plus heureuse et joyeuse est la vie dans la Nouvelle Jérusalem, qui vous sert et vous embrasse comme une femme?

Les maisons célestes sont décorées selon les œuvres de chacun

Les maisons célestes ont commencé à être construites depuis que notre Seigneur est ressuscité et est monté au ciel, et elles sont encore construites actuellement selon nos œuvres. Donc, les constructions des maisons de ceux qui vivent sur la terre sont arrivées à leur terme et sont achevées; les fondations ont été coulées et des piliers sont élevés pour certaines maisons; et les travaux de certaines autres maisons sont pratiquement terminés.

Lorsque toutes les maisons célestes des croyants seront terminées, Jésus nous dit dans Jean 14:2-3, qu'Il doit revenir sur la terre, mais cette fois dans les airs:

> *Il y a plusieurs demeures dans la maison de Mon Père. Si cela n'était pas, je vous l'aurais dit. Je vais vous préparer une place. Et lorsque Je m'en serai allé, et que Je vous aurai préparé une place, Je reviendrai et*

> *Je vous prendrai avec moi, afin que là où Je suis, vous y soyez aussi.*

Les lieux de séjour éternels des gens sauvés sont décidés au Jugement du Trône Blanc. Lorsque le ou la propriétaire entre dans sa maison, lorsque les lieux de séjour et les récompenses auront été décidés selon la mesure de foi de chacun, la maison brillera alors complètement. C'est parce que le propriétaire et la maison forment un ensemble parfait lorsque le propriétaire entre dans sa maison, juste comme un mari et une femme deviennent une seule chair.

Combien la Nouvelle Jérusalem sera-t-elle remplie de la gloire de Dieu étant donné qu'elle abrite le trône de Dieu, et de nombreuses maisons sont construites pour les vrais enfants de Dieu qui peuvent partager l'amour véritable avec Lui éternellement?

Brillante comme des Joyaux Etincelants et Claire comme le Cristal

Lorsque conduit par le Saint-Esprit, l'apôtre Jean était en extase lorsqu'il a vu la Ville Sainte de la Nouvelle Jérusalem, et il n'a su confesser que ce qui suit:

> *Son éclat était semblable à celui d'une pierre très précieuse, d'une pierre de jaspe transparente comme du cristal* (Apocalypse 21:11).

Jean a donné gloire à Dieu tandis qu'il regardait la magnifique Nouvelle Jérusalem du sommet d'une montagne, conduit par le

Saint-Esprit.

La Nouvelle Jérusalem brillante de la gloire de Dieu

Qu'est-ce que cela signifie de dire que la lumière de la Nouvelle Jérusalem qui resplendit de la gloire de Dieu est belle «Comme l'éclat d'une pierre très précieuse, d'une pierre de jaspe transparente comme du cristal.» Il y a de nombreuses espèces de joyaux et ils ont différents noms selon leurs composants et leur couleur. Donc, l'expression «comme une pierre très précieuse» implique qu'il s'agit de la perfection de la beauté.

L'apôtre Jean a comparé la merveilleuse lumière de la Nouvelle Jérusalem à celle des pierres précieuses que les gens considèrent comme très valables et belles.

De plus, la Nouvelle Jérusalem a d'énormes et grandioses maisons, et elle est décorée de joyaux célestes qui brillent de lumières captivantes, et vous pouvez voir que les lumières étincellent brillamment, même si vous regardez la Ville de loin. Des lumières bleutées, blanches qui resplendissent de nombreuses couleurs semblent embrasser la Nouvelle Jérusalem. Combien impressionnante et réjouissante doit en être la vue?

Apocalypse 21:18 nous dit que le mur de la Nouvelle Jérusalem est fait de jaspe. Contrairement au jaspe opaque sur cette terre, le jaspe dans le ciel a une couleur bleutée et est tellement beau et transparent que lorsque vous le regardez, il semble comme si vous regardiez de l'eau claire. Il est presque impossible d'exprimer la beauté de sa couleur avec les choses de ce monde. Peut être, il peut être comparé à une lumière brillante et bleue qui se réfléchit sur des vagues transparentes. De plus, nous ne pouvons exprimer sa couleur que comme étant claire, bleue et blanche. Le jaspe représente l'élégance et la clarté de Dieu, ainsi que la «Justice» de Dieu qui est sans tache, claire et honnête.

Il y a beaucoup d'espèces de cristaux, et dans des termes célestes, cela se réfère à une pierre incolore, transparente et dure qui est aussi propre et claire que de l'eau pure. Des cristaux propres et clairs ont été grandement utilisés pour la décoration, depuis les temps anciens parce qu'ils ne sont pas seulement transparents et clairs, mais réfléchissent aussi merveilleusement la lumière.

Le cristal, bien que bon marché, reflète de manière splendide la lumière afin qu'ils ressemblent à des arcs-en-ciel. De plus, Dieu a placé la brillance de la gloire sur les cristaux célestes au moyen de Sa puissance, de sorte qu'ils ne peuvent même pas être comparés à ceux trouvés sur cette terre. L'apôtre Jean essaie d'exprimer la beauté, la transparence et la splendeur de la Nouvelle Jérusalem avec du cristal.

La Cité Sainte de la Nouvelle Jérusalem est remplie de la gloire merveilleuse de Dieu. Combien merveilleuse, belle et brillante serait la Nouvelle Jérusalem puisqu'elle abrite le trône de Dieu et le Sommet où Dieu s'est divisé Lui-même en la Trinité?

Chapitre 2

Les Noms des Douze Tribus et des Douze Apôtres

Elle avait une grande et haute muraille. Elle avait douze portes et aux portes, douze anges, et des noms écrits, ceux des douze tribus des fils d'Israël: à l'orient trois portes, au nord trois portes, au midi trois portes et à l'occident trois portes. La muraille de la ville avait douze fondements et sur eux les douze noms des douze apôtres de l'Agneau.

- Apocalypse 21:12-14

La Nouvelle Jérusalem est entourée de murailles qui resplendissent brillamment de lumières étincelantes. Tout le monde va rester bouche bée en voyant la taille, la magnificence, la beauté et la gloire de ces murailles.

La ville a une forme de cube et possède trois portes sur chaque côté: l'est, l'ouest, le nord et le sud. Il y a un total de douze portes et est inimaginablement massive. Un ange digne et majestueux garde chaque porte et les noms des douze tribus sont inscrits sur ces portes.

Autour de la Nouvelle Jérusalem, il y a aussi douze fondements sur lesquels se trouvent douze piliers et les noms des douze disciples y sont inscrits. Tout dans la Nouvelle Jérusalem est fait avec le chiffre 12, le nombre de la lumière en tant que base. C'est afin que tous puissent facilement comprendre que la Nouvelle Jérusalem est l'endroit pour ces enfants de lumière dont les cœurs ressemblent au cœur de Dieu, qui Lui-même est la lumière.

Regardons maintenant aux raisons pour lesquelles douze anges gardent les douze portes de la Nouvelle Jérusalem et les noms des douze tribus et des douze disciples sont repris partout dans la ville.

Douze Anges Gardent les Portes

Dans les jours anciens, de nombreux soldats ou gardes surveillaient les portes des châteaux dans lesquels les rois ou d'autres hautes personnalités demeuraient ou vivaient. Cette mesure était nécessaire pour protéger les bâtiments des ennemis et des intrus. Douze anges gardent donc les douze portes de la Nouvelle Jérusalem, même malgré le fait que personne ne peut entrer ni envahir comme il le veut, parce que la ville abrite le trône de Dieu. Quelle en est alors la raison?

Pour exprimer les richesses, les autorités et la gloire

La ville de la Nouvelle Jérusalem est énorme et grandiose au-delà de notre imagination. La grande Cité Interdite de Chine dans laquelle les empereurs avaient l'habitude de résider est à peine aussi grande qu'une maison individuelle dans la Nouvelle Jérusalem. Même la taille de la Grande Muraille de Chine, une des sept merveilles de l'Ancien Monde, ne peut être comparée à celle de la ville de la Nouvelle Jérusalem.

La première raison pour laquelle il y a douze anges qui gardent les portes est de symboliser les richesses, l'honneur, l'autorité et la gloire. Même aujourd'hui, les puissants ou les prospères ont leurs gardes privés dans et en dehors de leurs maisons, et cela montre les richesses et l'autorité des résidents.

Il est donc évident que des anges de plus haut rang gardent les portes de la Ville de la Nouvelle Jérusalem qui abrite le trône de Dieu. On peut ressentir l'autorité de Dieu et des résidents de la Nouvelle Jérusalem en un clin d'œil, rien qu'en regardant les douze anges, dont la présence ajoute à la beauté et à la gloire de la Nouvelle Jérusalem.

Pour protéger les enfants reconnus par Dieu

Quelle est donc la seconde raison pour laquelle douze anges gardent les portes de la Nouvelle Jérusalem? Hébreux 1:14 demande, *«Les anges ne sont-ils pas tous des esprits au service de Dieu, envoyés pour exercer un ministère en faveur de ceux qui doivent hériter du salut?»* Dieu protège Ses enfants qui vivent sur cette terre par Ses yeux enflammés et par les anges qu'Il a envoyés. Donc, ceux qui vivent selon la Parole de Dieu ne seront pas persécutés par Satan mais seront protégés des épreuves, des troubles, des désastres naturels ou causés par des hommes, des maladies ou des accidents.

Il y a également un nombre incalculable d'anges dans le ciel, qui accomplissent leurs tâches selon l'ordre de Dieu. Parmi eux, il y a des anges qui veillent, enregistrent et rapportent à Dieu chaque œuvre de chaque personne, que la personne soit croyante ou non. Au jour du Jugement Dieu se souvient même d'une seule parole prononcée par chaque personne et la récompense selon ce qu'il ou elle a fait.

De la même manière, tous les anges sont des esprits sur lesquels Dieu a le contrôle, et il est évident qu'ils protègent et veillent sur les enfants de Dieu même dans le ciel. Bien sûr, il n'y aura pas d'accident ni de hasard dans le ciel puisqu'il n'y a pas de ténèbres appartenant à l'ennemi diable, mais c'est un devoir naturel pour eux que de servir leurs maîtres. Cette tâche n'est forcée par personne mais est accomplie volontairement selon l'ordre et l'harmonie du monde spirituel; c'est le devoir naturel assigné aux anges.

Pour maintenir l'ordre pacifique de la Nouvelle Jérusalem

Quelle est donc la troisième raison pour laquelle douze anges gardent les portes de la Nouvelle Jérusalem?

Le ciel est un monde spirituel parfait, sans aucune faille, et il est régi avec un ordre parfait. Il n'y a ni haine, ni querelle, ni commandements, mais il est opéré et maintenu uniquement par les ordres de Dieu. Les récompenses et l'autorité sont établies selon la justice de Dieu, qui récompense selon les œuvres de chaque individu, et tout est régi par cet ordre.

Une maison divisée contre elle-même ne peut subsister. De la même manière, même le monde de Satan n'est pas divisé, mais fonctionne selon un certain ordre (Marc 3:22-26). Combien donc plus justement sera établi le royaume de Dieu qui opère dans cet ordre?

Par exemple, les banquets qui se tiennent dans la Nouvelle Jérusalem procèdent selon cet ordre. Les âmes sauvées dans les Premier, Second et Troisième Royaumes et dans le Paradis ne peuvent entrer dans la Nouvelle Jérusalem que sur invitation, à nouveau, selon l'ordre spirituel. Là, ils seront agréables à Dieu et ils partageront la joie ensemble avec les résidents de la Nouvelle Jérusalem.

Si les âmes sauvées du Paradis, du premier, Second et Troisième Royaumes pouvaient entrer librement dans la Nouvelle Jérusalem, quand ils le souhaitent, que se passerait-il? Tout comme la valeur même des objets les plus précieux et de grande valeur diminue s'ils ne sont pas utilisés correctement, par le temps qui passe ou l'usure, si l'ordre de la Nouvelle Jérusalem était brisé, sa beauté ne pourrait pas être conservée.

C'est pourquoi, pour l'ordre pacifique de la Nouvelle Jérusalem, il y a un besoin des douze portes et des anges pour garder chaque porte. Bien sûr, ces croyants du Troisième Royaume des cieux et en dessous ne peuvent entrer librement dans la Nouvelle Jérusalem même s'il n'y avait pas d'ange pour garder la porte, à cause de la différence de gloire. Les anges veillent à ce que l'ordre soit maintenu plus proprement.

Les Noms des Douze Tribus d'Israël Inscrits sur les Douze Portes

Quelle est alors la raison pour inscrire les noms des douze tribus d'Israël sur les portes de la Nouvelle Jérusalem? Dans ce monde, pour commémorer l'accomplissement ou le dépôt d'informations vitales ou d'un projet de construction, les gens placent souvent une pierre commémorative avec des inscriptions, ou bâtissent un monument dans la proximité du projet. De même, les noms des douze tribus d'Israël symbolisent le fait que les douze portes de la Nouvelle Jérusalem ont commencé avec les douze tribus d'Israël.

Le contexte pour faire douze portes

Adam et Eve qui ont été chassés du Jardin d'Eden à cause de leur péché de désobéissance il y a 6.000 ans, ont donné naissance à beaucoup d'enfants pendant qu'ils vivaient sur cette terre. Lorsque le monde était rempli de péchés, tous, sauf Noé et sa famille, qui étaient des gens justes parmi le peuple de leur temps, ont été punis et sont morts dans le déluge.

Alors, il y a environ 4.000 ans, est né Abraham, et lorsque le temps fut venu, Dieu l'a établi comme précurseur de la foi et l'a béni abondamment. Dieu a promis à Abraham dans Genèse 22:17-18:

> *Je te bénirai et je multiplierai ta postérité, comme les étoiles du ciel et comme le sable qui est sur le bord de la mer; et ta postérité possédera la porte de ses ennemis. Toutes les nations de la terre seront bénies en ta postérité, parce que tu as obéi à Ma voix.*

Le Dieu fidèle a établi Jacob, petit fils d'Abraham en tant que fondateur d'Israël, et a pris ce fondement pour former une nation avec ses douze fils. Ensuite, il y a environ 2.000 ans, Dieu a envoyé Jésus en tant que descendant de la tribu de Juda et a ouvert la voie du salut pour toute l'humanité.

De cette manière, Dieu a formé le peuple d'Israël avec douze tribus pour accomplir la bénédiction qu'il avait donnée à Abraham. De plus, pour symboliser et marquer ce fait, Dieu a fait douze portes à la Nouvelle Jérusalem et y a inscrit les noms de ces douze tribus d'Israël.

Maintenant, regardons de plus près à Jacob, le précurseur d'Israël et aux douze tribus.

Jacob, le précurseur d'Israël et ses douze fils

Jacob, petit fils d'Abraham et fils d'Isaac, a volé le droit d'aînesse de son frère Esaü d'une manière rusée et a dû fuir son frère auprès de son oncle Laban. Pendant son séjour de 20 ans dans la maison de Laban, Dieu a raffiné Jacob jusqu'à ce qu'il devienne le précurseur d'Israël.

A partir de Genèse 19:21, la Bible explique en détails les mariages de Jacob et la naissance de ses douze fils. Jacob aimait Rachel et a promis de servir Laban pendant sept ans afin de pouvoir l'épouser, mais il a été trompé par son oncle et a épousé Léa, sa sœur. Il a dû promettre à Laban de le servir pendant sept années de plus pour l'épouser. Jacob a finalement épousé Rachel et aimait Rachel plus que Léa.

Dieu a eu pitié de Léa, qui n'était pas aimée de son mari, et Il la rendit féconde. Léa donna naissance à Ruben, Siméon, Lévi, et Juda. Rachel était aimée de Jacob mais n'a pu donner naissance à des fils pendant longtemps. Elle devint jalouse de sa sœur Léa et elle donna sa servante Bilha à son mari en tant que femme. Bilha donna naissance à Dan et Nephthali. Lorsque Léa ne pouvait plus concevoir, elle a donné sa servante Zilpa à Jacob en tant que femme, et Zilpa donna naissance à Gad et Aser.

Plus tard, Léa reçut l'autorisation de Rachel de dormir avec Jacob en échange des mandragores de son premier fils Ruben. Elle donna naissance à Issacar et Zabulon, ainsi qu'une fille Dina. Alors, Dieu se souvint de Rachel qui était stérile et Il la rendit féconde, et en ce temps-là, elle donna naissance à Joseph. Après la naissance de Joseph, Jacob a reçu l'ordre de Dieu de passer la rivière Jabbok et de retourner à sa ville natale avec ses deux femmes, deux servantes et douze fils.

Jacob a traversé des épreuves dans la maison de son oncle

Laban pendant deux décades. Après cela, il s'est humilié lui-même et il a prié jusqu'à ce que sa hanche fût démise à la rivière Jabbok, sur le chemin vers sa ville natale. Il reçut alors le nouveau nom «Israël» (Genèse 32:28). Israël s'est aussi réconcilié avec son frère Esaü et a vécu dans le pays de Canaan. Il a reçu les bénédictions de devenir un précurseur d'Israël et eut le dernier de ses fils, Benjamin par Rachel.

Les douze tribus d'Israël, peuple choisi de Dieu

Joseph qui était le plus aimé par son père, parmi les douze fils d'Israël, fut vendu à l'Egypte à l'âge de 17 ans par ses frères remplis de jalousie. Par la providence de Dieu, cependant, Joseph devint à l'âge de 30 ans le premier ministre d'Egypte. Sachant qu'il y aurait une sérieuse famine dans le pays de Canaan, Dieu a envoyé Joseph en Egypte d'abord, et ensuite, Il a permis à toute sa famille d'y émigrer afin qu'ils puissent croître en nombre suffisamment pour devenir une nation.

Dans Genèse 49:3-28, Israël bénit ses douze fils juste avant son dernier souffle, et ils sont les douze tribus d'Israël:

> «*Ruben, toi mon premier né, ma force (V3)...*
> *Siméon et Lévi sont frères – leurs glaives sont*
> *des instruments de violence (V5)...*
> *Juda, tu recevras les hommages de tes frères (V8)...*
> *Zabulon habitera sur la côte des mers (V13)...*
> *Issacar est un âne robuste qui se couche*
> *dans les étables (V14)...*
> *Dan jugera son peuple, comme l'une*
> *des tribus d'Israël (V16)...*
> *Gad sera assailli par des bandes armées,*

mais il les assaillira et les poursuivra (V19)...
Aser produit une nourriture excellente (V20)...
Nephthali est une biche en liberté (V21)...
Joseph est le rejeton d'un arbre fertile,
le rejeton d'un arbre fertile près d'une source (V22)...
Benjamin est un loup qui déchire (V27)...

Tout cela sont les douze tribus d'Israël et cela est ce que leur père a prononcé sur eux lorsqu'il les a béni, donnant à chacun la bénédiction adéquate. Les bénédictions étaient différentes parce que chaque fils (tribu) était différent dans ses caractéristiques, personnalité, œuvres et nature.

Au travers de Moïse, Dieu a donné la Loi aux douze tribus d'Israël qui sont sorties d'Egypte, et il a commencé à les conduire vers le pays de Canaan, où coulaient le lait et le miel. Dans Deutéronome 33, nous voyons Moïse bénir le peuple d'Israël avant sa mort.

«Que Ruben vive et ne meure point,
et que ses hommes soient nombreux! (V6)...
Ecoute ,ô Eternel !la voix de Juda
et ramène-le vers son peuple (V7)...
Sur Lévi il dit:
«Les Thummim et les urim ont été
confiés à l'homme saint» (V8)...

Sur Benjamin il dit, «C'est le bien-aimé de l'Eternel,
il habitera en sécurité auprès de lui.» (V12)...
Sur Joseph il dit,
«Son pays recevra de l'Eternel en signe de bénédiction,
le meilleur don du ciel, la rosée,

les meilleures eaux qui sont en bas.» (V13)...
Elles sont les myriades d'Ephraïm
Elles sont les myriades de Manassé (V17)...
Réjouis toi, Zabulon dans tes courses.
Et toi Issacar dans tes tentes! (V18)...
Béni soit celui qui met Gad au large,
Gad repose comme une lionne (V20)...
Dan est un jeune lion qui s'élance de Bassan (V22)...
Nephthali rassasié de faveurs
et comblé des bénédictions de l'Eternel (V23)...
Béni soit Aser entre les enfants d'Israël!
Qu'il soit agréable à ses frères (V24)...

Lévi, parmi les douze fils d'Israël a été exclu des douze tribus afin de devenir des sacrificateurs pour les douze autres tribus et appartenir à Dieu. Au contraire, les deux fils de Joseph, Manassé et Ephraïm ont formé deux tribus pour remplacer les Lévites.

Les noms des douze tribus

Dieu a posé une fondation d'une nation au travers de douze tribus d'Israël.Il y a 2000 ans,il a ouvert la porte du lavage de nos péchés au travers du sang précieux.Jésus-Christ a versé son sang sur la croix et a permis à tout le monde de recevoir le salut par la foi.Dieu a choisi le peuple d'Israël qui est sorti de douze tribus et les a appelés «Mon peuple»,mais puisque ils ont finalement echoué n'ayant pas suivi la volonté de Dieu et ont rejeté le Messie envoyé par Dieu,l'évangile est allé vers les païens. Alors, comment pouvons-nous, qui ne sommes pas membres des douze tribus d'Israël, ni des descendants directs d'Abraham, être sauvés et passer en dessous des douze portes sur lesquelles sont écrits les noms des douze tribus ?

Nous pouvons trouver la réponse à cette question dans le livre d'Apocalypse, chapitre 7:5-8 :

> *De la tribu de Juda douze mille marqués du sceau, de la tribu de Ruben douze mille, de la tribu de Gad, douze mille, de la tribu d'Aser douze mille, de la tribu de Nephthali douze mille, de la tribu de Manassé douze mille, de la tribu de Siméon douze mille, de la tribu de Lévi douze mille, de la tribu d'Issacar douze mille, de la tribu de Zabulon douze mille, de la tribu de Joseph douze mille, de la tribu de Benjamin douze mille marqués du sceau.*

Dans ces versets, le nom de la tribu de Juda vient en premier et le nom de la tribu de Ruben le suit, contrairement aux livres de Genèse et Deutéronome. Le nom de la tribu de Dan est ôté, tandis que le nom de la tribu de Manassé est rajouté.

Cela a un rapport avec le sérieux péché de la tribu de Dan dans 1 Rois 12:28-31.

> *Après avoir demandé conseil, le roi fit deux veaux d'or, et il dit au peuple Assez longtemps, vous êtes montés à Jérusalem; Israël ! Voici ton dieu qui t'a fait sortir d'Egypte. Il plaça l'un de ces veaux à Béthel et il mit l'autre à Dan. Ce fut là, une occasion de pécher. Le peuple alla devant l'un des veaux jusqu'à Dan. Jéroboam fit une maison de hauts lieux, et il créa des sacrificateurs pris parmi tout le peuple, et n'appartenant point aux fils de Lévi.*

Jéroboam qui est devenu le premier roi du royaume du Nord d'Israël, a pensé de lui-même que si le peuple montait pour offrir des sacrifices au temple du Seigneur à Jérusalem, ils feraient à nouveau allégeance à leur seigneur, Roboam, roi de Juda. Le roi fabriqua deux veaux d'or et il en mit un à Béthel, et l'autre à Dan. Il interdit au peuple de monter à Jérusalem pour sacrifier à Dieu et il les incita à servir à Béthel et à Dan.

La tribu de Dan a commis le péché d'idolâtrie et fit de gens ordinaires des sacrificateurs de Dieu alors que personne si ce n'est de la tribu de Lévi ne pouvait devenir sacrificateur. Et ils instituèrent un festival le quinzième jour du huitième mois, comme le festival organisé en Juda. Tous ces péchés ne pouvaient pas être oubliés par Dieu et ils furent abandonnés par Lui.

Le nom de la tribu de Dan fut donc supprimé et remplacé par le nom de la tribu de Manassé. Le fait que la tribu de Manassé serait ajoutée a été prophétisé dans Genèse 48:5. Jacob a dit à son fils Joseph:

> Maintenant, les deux fils qui te sont nés au pays d'Egypte avant mon arrivée vers toi en Egypte, seront à moi; Manassé et Ephraïm seront à moi, comme Ruben et Siméon.

Jacob, le père d'Israël a déjà scellé Manassé et Ephraïm comme étant siens. C'est pourquoi, dans le livre de l'Apocalypse du Nouveau Testament, on trouve que le nom de la tribu de Manassé est relaté en lieu et place de celui de Dan.

Le fait que le nom de la tribu de Manassé est relaté parmi les douze tribus d'Israël de cette manière, alors que ce n'était pas un des douze dirigeants d'Israël, indique que les Païens prendraient la place des israélites et seraient sauvés.

Dieu a posé le fondement d'une nation au travers des douze tribus d'Israël. Il y a environ deux mille ans, Il a ouvert la porte pour le lavage de nos péchés au travers du précieux sang de Jésus-Christ, versé à la croix et a permis à tous de recevoir le salut par la foi.

Dieu a choisi le peuple d'Israël qui est issu des douze tribus et les a appelé «Mon peuple», mais, étant donné qu'ils ont finalement échoué à suivre la volonté de Dieu, l'évangile a été répandu parmi les Païens.

Les Païens, les pousses de l'olivier sauvage qui a été greffé, ont remplacé le peuple élu d'Israël qui est la pousse franche. C'est pourquoi l'apôtre Paul dit dans l'épître aux Romains dans 2:28-29 que, *«Le juif ce n'est pas celui qui en a les apparences, mais le juif, c'est celui qui l'est intérieurement».*

En bref, les Païens ont remplacé le peuple d'Israël en accomplissant la providence de Dieu, tout comme la tribu de Dan a été supprimée et celle de Manassé rajoutée. C'est pourquoi, même les Païens peuvent entrer dans la Nouvelle Jérusalem au travers des douze portes pour autant qu'ils possèdent les correctes qualifications de foi.

Pour cela, non seulement ceux qui appartiennent aux douze tribus d'Israël, mais aussi ceux qui deviennent descendants d'Abraham par la foi recevront le salut. Lorsque les Païens viennent dans la foi, Dieu ne les considère plus comme «les Païens», mais au contraire, en tant que membre des douze tribus. Toutes les nations seront sauvées au travers des douze portes, et cela est la justice de Dieu.

Après tout, les «douze tribus» d'Israël se réfèrent spirituellement à tous les enfants de Dieu qui sont sauvés par la foi, et Dieu a inscrit les noms des douze tribus sur les douze portes de la Nouvelle Jérusalem pour symboliser ce fait.

Cependant, comme différents pays et régions ont des caractéristiques différentes, la gloire de chaque tribu et les douze portes varient aussi dans le ciel.

Les Noms des Douze Disciples Inscrits sur les Douze Fondements

Quelle est donc la raison pour laquelle les noms des douze disciples sont-ils inscrits sur les douze fondements de la Nouvelle Jérusalem ?

Pour construire un bâtiment, il faut des fondations pour y poser les piliers. C'est facile d'estimer la taille de la construction si vous regardez à la profondeur du terrassement. Les fondations sont très importantes parce qu'elles doivent supporter le poids de tout l'édifice.

De la même manière, les douze fondations ont été posées pour élever les murs de la Nouvelle Jérusalem et douze piliers, entre lesquels douze portes ont été creusées. Ensuite les douze portes furent construites. La taille des douze fondations et des douze piliers est tellement énorme, au-delà de notre compréhension, et nous allons y plonger dans le prochain chapitre.

Douze fondements, plus importants que les douze portes

Chaque ombre a l'essence de ce qu'elle porte. De la même manière, l'Ancien Testament est l'ombre du Nouveau Testament, parce que l'Ancien Testament témoigne de Jésus qui devait venir dans ce monde en tant que Sauveur, et le Nouveau Testament relate le Ministère de Jésus qui est venu dans ce monde, a accompli les prophéties et ouvert la voie du salut (Hébreux 10:1). Dieu, qui a posé la fondation d'une nation au travers des douze tribus d'Israël, et a proclamé la Loi au travers de Moïse, a enseigné les douze disciples au travers de Jésus-Christ qui a accompli la Loi avec amour et en a fait des témoins du Seigneur jusqu'aux extrémités de la terre. De cette manière les douze disciples sont les héros qui ont rendu possible l'accomplissement de la Loi de l'Ancien Testament et la construction de la Ville de la Nouvelle Jérusalem, n'agissant plus en tant qu'ombres mais en tant qu'essence.

C'est pourquoi, les douze fondements de la Nouvelle Jérusalem sont plus importants que les douze portes, et le rôle des douze disciples est plus important que celui des douze tribus.

Jésus et Ses douze disciples

Jésus, le Fils de Dieu, qui est venu dans ce monde dans la chair, a commencé Son Ministère à l'âge de trente ans, a appelé Ses disciples et les a formés. Lorsque le temps fut venu, Jésus a donné la puissance à Ses disciples pour chasser les démons et guérir les malades. Matthieu 10:2-4 mentionne les douze disciples.

> *Voici les noms des douze apôtres. Le premier, Simon appelé Pierre et André son frère; Jacques, fils de Zébédée et Jean son frère; Philippe et Barthélemy; Thomas et Matthieu, le publicain; Jacques fils d'Alphée et Thaddée; Simon le Cananite et Judas l'Iscariot, celui qui livra Jésus.*

Comme Jésus l'a demandé, ils ont prêché l'évangile et ont accompli les œuvres de la puissance de Dieu. Ils ont témoigné du

Dieu vivant et ont conduit de nombreuses âmes sur le chemin du salut. Tous, sauf Judas l'Iscariot, qui a été poussé par Satan et a fini par vendre Jésus, ont témoigné de la résurrection et de l'ascension et ont expérimenté le Saint-Esprit au travers de prières ferventes.

Alors, comme le Seigneur leur avait donné l'ordre, ils ont reçu le Saint-Esprit et la puissance et sont devenus les témoins du Seigneur à Jérusalem, en Judée et en Samarie et jusqu'aux extrémités de la terre.

Matthias remplace Judas l'Iscariot

Actes 1:15-26 décrit le processus du remplacement de Judas l'Iscariot parmi les douze disciples. Ils ont prié Dieu, et jeté le sort. Cela a été fait ainsi, parce que les disciples voulaient que cela soit fait selon la volonté de Dieu, sans l'intervention d'aucune pensée humaine. Ils ont finalement choisi un individu parmi ceux qui avaient été formés par Jésus, un homme nommé Matthias.

La raison pour laquelle Jésus a choisi Judas l'Iscariot, sachant qu'il finirait par le trahir se trouve ici. Le fait que Matthias a été nouvellement choisi signifie que même les Païens peuvent recevoir le salut. Cela signifie également que les serviteurs choisis par Dieu aujourd'hui appartiennent à la place de Matthias. Depuis la résurrection et l'ascension, il y a eu beaucoup de serviteurs qui ont été choisis par Dieu Lui-même, et quiconque devient un avec le Seigneur peut être choisi comme l'un des disciples du Seigneur, de la manière dont Matthias est devenu Son disciple.

Les serviteurs de Dieu sélectionnés par Dieu Lui-même, obéissent à la volonté de leur maître uniquement avec des «oui».

Si des serviteurs de Dieu n'obéissent pas à Sa volonté, ils ne peuvent et ne seront pas appelés «serviteurs choisis par Dieu.» Les douze disciples, y compris Matthias ressemblent au Seigneur, accomplissent la sanctification, obéissent aux enseignements du Seigneur et accomplissent complètement la volonté de Dieu. Ils sont devenus les fondations de la mission mondiale en accomplissant leurs tâches jusqu'à ce qu'ils deviennent des martyrs.

Les noms des douze disciples

Ceux qui ont été sauvés par la foi, malgré qu'ils n'aient jamais été sanctifiés ni été fidèles dans toute la maison de Dieu, peuvent visiter la Nouvelle Jérusalem avec une invitation. Mais ils ne peuvent pas rester là pour toujours. Donc, la raison pour laquelle les noms des douze disciples sont écrits sur les douze fondations est pour nous rappeler qu'uniquement ceux qui se sont sanctifiés et qui ont été fidèles dans toute la maison de Dieu peuvent venir à la Nouvelle Jérusalem.

Les douze tribus d'Israël se réfèrent à tous les enfants de Dieu qui sont sauvés par la foi. Ceux qui sont sanctifiés et restent fidèles toute leur vie, auront les qualifications pour entrer dans la Nouvelle Jérusalem. Pour ces raisons, les douze fondations sont très importantes et c'est pourquoi les noms des douze disciples ne sont pas écrits sur les douze portes, mais sur les douze fondations.

Pourquoi Jésus alors n'a-t-Il choisi que douze disciples? Dans sa parfaite sagesse, Dieu accomplit Sa providence qui a été formée avant le commencement des temps et accomplit toutes choses à l'avenant. Nous savons donc que le choix par Jésus de seulement douze disciples a été accompli selon le plan de Dieu.

Dieu qui a formé douze tribus dans l'Ancien Testament, a choisi douze disciples, utilisant le chiffre 12 qui représente la «lumière», et la «perfection» dans le Nouveau Testament également, et l'ombre de l'Ancien Testament et l'essence du Nouveau Testament sont devenus une paire.

Dieu ne change pas d'avis ni de plan qu'il avait planifié à un moment donné, et Il garde Sa Parole. Pour cela, nous devons croire toute la Parole de Dieu dans la Bible, nous préparer en tant qu'épouses du Seigneur pour l'accueillir, et atteindre et obtenir les qualifications nécessaires pour entrer dans la Nouvelle Jérusalem, comme les douze disciples.

Jésus nous a dit dans Apocalypse 22:12, *«Voici, Je viens bientôt et ma rétribution est avec Moi pour donner à chacun selon ses œuvres.»*

Quel genre de vie chrétienne devriez-vous mener, si vous croyez vraiment que le Seigneur revient bientôt ? Vous ne devriez pas seulement être contents d'avoir reçu le salut par la foi en Jésus-Christ, mais vous devriez également essayer de chasser vos péchés et d'être fidèles dans toutes vos tâches.

Je prie au nom du Seigneur que vous aurez la gloire éternelle et les bénédictions dans la Nouvelle Jérusalem comme les précurseurs de la foi dont les noms ont été inscrits sur les douze portes et les douze fondements !

Chapitre 3

La Taille de la Nouvelle Jérusalem

> *L'ange qui me parlait avait pour mesure un roseau d'or, afin de mesurer la ville, ses portes et sa muraille. La ville avait la forme d'un carré, et sa longueur était égale à sa largeur. Il mesura la ville avec le roseau et trouva douze mille stades; la longueur, la largeur et la hauteur en étaient égales. Il mesura la muraille, et trouva cent quatre vingt quatre coudées, mesure d'homme qui étaient celles de l'ange.*
>
> *- Apocalypse 21:15-17*

Certains croyants pensent que quiconque est sauvé peut entrer dans la Nouvelle Jérusalem qui abrite le trône de Dieu, ou se méprennent et croient que la Nouvelle Jérusalem est le ciel dans son entièreté. La Nouvelle Jérusalem n'est cependant pas le ciel entier, mais uniquement une partie du ciel sans fin. Seuls les vrais enfants de Dieu qui sont saints et sanctifiés peuvent y entrer. Combien vaste, pourriez-vous vous imaginer est la taille de la Nouvelle Jérusalem que Dieu a préparée pour Ses véritables enfants.

Plongeons maintenant dans la taille et l'aspect de la Nouvelle Jérusalem et la signification spirituelle qui y est cachée.

Mesurée avec un Roseau d'Or

Il est naturel pour ceux avec une foi véritable et un fervent espoir pour la Nouvelle Jérusalem de se poser des questions à propos de la taille et de l'aspect de la Ville. Étant donné que c'est la place pour les enfants de Dieu qui sont sanctifiés, et qui ressemblent entièrement au Seigneur, Dieu a préparé tellement merveilleusement et magnifiquement la Nouvelle Jérusalem.

Dans Apocalypse 21:15, vous pouvez lire au sujet d'un ange qui se tient debout avec un roseau d'or pour mesurer la taille des portes et des murs de la Nouvelle Jérusalem. Pourquoi donc, Dieu a-t-Il fait mesurer la Nouvelle Jérusalem avec un roseau d'or?

Le roseau d'or est une espèce de bâton droit, utilisé pour mesurer la distance dans le ciel. Si vous connaissez la signification de l'or et du roseau, vous pouvez comprendre la raison pour laquelle Dieu mesure les dimensions de la Nouvelle Jérusalem avec le roseau d'or.

L'or représente la «foi» parce qu'il ne change pas avec le temps. Job a confessé dans Job 23:10, *«Il sait néanmoins quelle voie j'ai suivie; et s'Il m'éprouvait, je sortirais pur comme l'or.»* C'est pourquoi l'or ou le roseau d'or symbolisent le fait que les mesures de Dieu sont justes et ne changent pas, et que toutes Ses promesses se réalisent.

Caractéristiques du roseau qui mesure la foi

Le roseau est grand et son tranchant est doux. Il remue fortement avec le vent mais ne se rompt jamais; il possède à la fois la douceur et la force en même temps. Le roseau a des nœuds, et cela signifie que Dieu récompense selon ce que chacun a fait.

Donc, la raison pour laquelle Dieu mesure la Ville de la Nouvelle Jérusalem avec le roseau d'or est pour mesurer la foi de chacun avec précision et payer en retour ce qu'il ou elle aura fait.

Considérons maintenant les caractéristiques et la signification spirituelle du roseau, pour comprendre pourquoi Dieu mesure les dimensions de la Nouvelle Jérusalem avec le roseau d'or.

Tout d'abord, les roseaux ont des racines fortes et très profondes. Ils ont de 1 à 3 mètres, soit de 3 à 10 pieds, et vivent en nombre dans le sable ou les marais ou les lacs. Ils peuvent paraître avoir des racines fragiles, mais on ne peut pas les arracher facilement.

De la même manière, les enfants de Dieu devraient aussi être fortement enracinés dans la foi et se tenir sur le rocher de la vérité. Uniquement lorsque vous avez une foi qui ne change pas, qui ne sera ébranlée par aucune circonstance vous serez capables d'entrer dans la Nouvelle Jérusalem dont les dimensions sont mesurées par le roseau d'or. C'est pour cette raison que l'apôtre Paul a prié pour les croyants d'Ephèse, *«en sorte que Christ habite dans vos cœurs par la foi ; étant enracinés et fondés dans l'amour.»* (Ephésiens 3:17).

Deuxièmement, les roseaux ont des bouts très doux. Tandis que Jésus a un cœur très humble et doux, nous rappelant les roseaux, Il ne s'est jamais querellé ni n'a crié. Même lorsque les autres le persécutaient ou le critiquaient, Jésus ne répondait pas, mais préférait s'en aller.

C'est pourquoi, ceux qui espèrent en la Nouvelle Jérusalem doivent avoir des cœurs humbles comme celui de Jésus. Si vous vous sentez mal à l'aise lorsque les autres pointent du doigt vos erreurs ou vous reprennent, cela signifie que vous avez toujours un cœur dur et orgueilleux. Si vous avez un cœur doux et humble, comme le duvet, vous pouvez accepter ces choses avec joie, sans aucun sentiment de regret ou de mécontentement.

Troisièmement, les roseaux remuent facilement avec le vent mais ne se brisent pas aisément. Après un fort typhon, les gros arbres sont souvent déracinés, mais les roseaux ne se brisent pas habituellement, même sous des vents violents, parce qu'ils sont tendres. Les gens de ce monde comparent parfois les pensées et les cœurs des femmes avec des roseaux afin d'exprimer un sentiment négatif, mais la comparaison de Dieu est le contraire. Les roseaux sont tendres et peuvent apparaître très faibles, mais ils ont cependant la force pour ne pas se briser même sous des vents violents, et ils ont la beauté de leurs élégantes fleurs blanches.

Parce que les roseaux ont tous les aspects des choses, tels que la douceur, la force et la beauté, ils peuvent représenter la justice de certains jugements. De telles caractéristiques des roseaux peuvent également être attribuées à l'état d'Israël. Israël a un relativement petit territoire et une petite population, et il est entouré de voisins hostiles. Israël peut paraître un pays faible, mais il ne se «brise» sous aucune circonstance. C'est parce qu'ils ont une foi tellement forte en Dieu, une foi qui est enracinée dans les précurseurs de la foi, y compris Abraham. Malgré qu'ils semblent devoir s'écrouler physiquement en un instant, la foi des israélites en Dieu leur permet de tenir ferme.

De la même manière, pour entrer dans la Nouvelle Jérusalem, nous devons posséder la foi qui ne faillit jamais sous aucune circonstance, prenant racine en Jésus-Christ qui est le rocher, comme les roseaux avec de fortes racines.

Quatrièmement, les tiges de roseau sont droites et douces, de sorte qu'elles ont souvent été utilisées pour faire des toits, des flèches ou des plumes de stylos. La tige droite implique aussi de marcher de l'avant. La foi est dite «vivante» uniquement lorsqu'elle continue à avancer. Ceux qui s'améliorent et se développent eux-mêmes, grandiront jour après jour dans leur foi, et continueront à progresser jusqu'au ciel.

Dieu choisit ces bons vases qui progressent vers le ciel, les raffine et les rend parfaits afin que ces gens soient capables d'entrer dans la Nouvelle Jérusalem. C'est pourquoi nous devons avancer vers le ciel comme les feuilles qui poussent au bout d'une tige droite.

Cinquièmement, comme beaucoup de poètes ont écrit à propos des fleurs de roseau pour dépeindre un paysage paisible, l'apparence des roseaux est très douce et belle, et leurs feuilles sont élégantes et gracieuses. Comme le dit 2 Corinthiens 2:15, *«Nous sommes en effet pour Dieu la bonne odeur de Christ, parmi ceux qui sont sauvés et parmi ceux qui périssent,»* ceux qui se tiennent sur le rocher de la foi rendent l'arôme de Christ. Ceux qui ont ce type de cœur ont des visages gracieux et réconfortants, et les gens peuvent expérimenter le ciel au travers d'eux. C'est pourquoi, afin d'entrer dans la Nouvelle Jérusalem, nous devons refléter le beau parfum de Christ qui est comme les douces fleurs et les élégantes feuilles du roseau.

Sixièmement, les feuilles des roseaux sont minces et les bords sont suffisamment coupants que pour entailler la peau rien qu'en la touchant. De la même manière, ceux qui ont la foi ne doivent pas se compromettre avec le péché mais doivent devenir comme les lames en chassant tout mal.

Daniel qui était un ministre de la grande Perse, et aimé de son roi, a fait face à une épreuve où il avait été condamné à être jeté dans la fosse aux lions par des hommes méchants qui étaient jaloux de lui. Il ne s'est cependant pas du tout compromis, mais il a tenu ferme à sa foi. Par conséquent, Dieu a envoyé Son ange pour fermer la gueule des lions et a permis à Daniel de glorifier grandement Dieu devant le roi et tout le peuple.

Dieu se plaît dans ce type de foi que possédait Daniel, le type qui ne se compromet pas avec le monde. Il protège ceux qui ont ce type de foi de toutes espèces de difficultés et d'épreuves et leur permet de Le glorifier en fin de compte. Il les bénit également et leur permet d'être, *«La tête et non la queue»* partout où ils vont (Deutéronome 28:1-14).

De plus, comme le dit Proverbes 8:13, *«Craindre le Seigneur, c'est haïr le mal,»* si vous avez le mal dans votre cœur, vous devez le chasser par des prières ferventes et des jeûnes. Ce n'est que lorsque vous ne vous compromettez plus avec le péché mais que vous haïssez le mal, que vous serez sanctifiés et que vous aurez les qualifications pour entrer dans la Nouvelle Jérusalem.

Nous avons considéré la raison pour laquelle Dieu mesure la Ville de la Nouvelle Jérusalem avec le roseau d'or en regardant six caractéristiques du roseau. L'usage du roseau d'or nous permet de savoir que Dieu mesure notre foi avec précision et nous récompense exactement de ce que nous avons fait dans cette vie, et qu'Il accomplit Ses promesses. C'est pourquoi, j'espère que vous allez réaliser que vous devez posséder les qualifications qui correspondent aux significations spirituelles du roseau d'or, chasser toute espèce de mal et accomplir le cœur du Seigneur.

Une Nouvelle Jérusalem de Forme Cubique

Dieu a relaté de manière spécifique la taille et l'aspect de la Nouvelle Jérusalem dans la Bible. Apocalypse 21:16 nous dit que la ville a une forme cubique avec 12.000 stades en longueur, largeur et hauteur. En entendant cela certains pourraient se poser la question 'N'allons-nous pas nous sentir comme si nous étions enfermés ?' Dieu a cependant fait l'intérieur de la Nouvelle Jérusalem de manière tellement confortable et plaisante. De plus, on ne peut pas voir au travers de la ville de la Nouvelle Jérusalem de l'extérieur, mais les gens à l'intérieur des murs peuvent voir l'extérieur. En d'autres termes, il n'y a aucune raison de se sentir inconfortable ou confiné dans les murs.

La Nouvelle Jérusalem dans la forme d'un carré

Quelle est donc la raison pour laquelle Dieu a fait la Nouvelle Jérusalem avec la forme d'un carré ? Les mêmes longueurs et largeurs représentent l'ordre, la précision et la justice de la Ville de la Nouvelle Jérusalem. Dieu contrôle toutes choses dans l'ordre, afin qu'un nombre incalculable d'étoiles, la lune, le soleil et le système solaire, ainsi que le reste de l'univers se meuvent avec précision sans aucune erreur. De même, Dieu a fait la Ville de la Nouvelle Jérusalem dans une forme cubique pour exprimer qu'Il contrôle toutes choses ainsi que l'histoire avec ordre, et accomplit tout jusqu'à la fin avec précision.

La Nouvelle Jérusalem a une largeur et une longueur égales ainsi que douze portes et douze fondations, trois de chaque côté. Cela symbolise que peu importe l'endroit où on vit sur cette terre, les règles seront appliquées justement pour ceux qui ont les qualifications pour entrer dans la Nouvelle Jérusalem. A savoir, les gens qui sont qualifiés par la mesure du roseau d'or entreront dans la Nouvelle Jérusalem, peu importe leur sexe, leur âge ou leur race.

C'est parce que Dieu avec son caractère droit et juste juge avec justice et mesure les qualifications pour entrer dans la Nouvelle

Jérusalem avec précision. De plus, un carré représente le nord, le sud, l'est et l'ouest. Dieu a fait la Nouvelle Jérusalem et Il appelle Ses vrais enfants qui sont sauvés avec foi parmi toutes les nations dans les quatre directions.

Apocalypse 21:16 dit, *«La ville avait la forme d'un carré, et sa longueur était égale à sa largeur. Il mesura la ville avec le roseau, et trouva douze mille stades; la longueur, la largeur et la hauteur en étaient égales.»* La Nouvelle Jérusalem cubique mesure donc douze mille (12.000) stades en largeur, longueur et hauteur.

Apocalypse 21:17 dit aussi, *«il mesura la muraille et trouva cent quarante quatre coudées, mesure d'homme, qui étaient celles de l'ange.»* Une coudée est approximativement 45 cm, ou environ 18 pouces, ainsi, les murs ont une épaisseur de 65 mètres, ou environ 213 pieds. Comme la Ville de la Nouvelle Jérusalem est énorme, ses murs sont incomparablement épais.

Chapitre 4

Faite d'Or Pur et de Joyaux de Toutes les Couleurs

La muraille était construite en jaspe, et la ville d'or pur, semblable à du verre pur.

- Apocalypse 21:18

Imaginons que vous ayez la prospérité et l'autorité pour construire une maison dans laquelle vous et votre bien-aimée devrez vivre pour l'éternité. Comment la dessineriez-vous ? Quels matériaux utiliseriez-vous ? Peu importe le coût, la durée et le nombre de travailleurs qui sont nécessaires pour la construire, vous voudrez sûrement la construire de la manière la plus belle et charmante.

De la même manière, notre Père Dieu ne doit-Il pas aussi vouloir bâtir et décorer la Nouvelle Jérusalem magnifiquement avec les meilleurs matériaux du ciel pour y demeurer avec Ses enfants aimés à jamais ? De plus, chaque matériau de la Nouvelle Jérusalem a une signification différente pour reconnaître les moments que nous avons supporté avec foi et amour sur cette terre et tout là-bas est merveilleux.

Il est seulement naturel pour tous ceux qui aspirent à la Nouvelle Jérusalem dans le plus profond de leurs cœurs, de vouloir connaître plus de choses sur la Nouvelle Jérusalem.

Dieu connaît les cœurs de ces gens et nous a donné diverses pièces d'information sur la Nouvelle Jérusalem, y compris sa taille, son aspect, et même l'épaisseur de ses murs, dans le détail dans la Bible.

De quoi donc, est faite la Ville de la Nouvelle Jérusalem?

Décorée d'Or Pur et de Toutes Espèces de Joyaux

La Nouvelle Jérusalem, que Dieu a préparée pour Ses enfants, est faite d'or pur qui ne change jamais et est décorée avec d'autres joyaux. Au ciel il n'y a pas de matériau comme du sol sur cette terre, qui change tandis que le temps passe. Les routes dans la Nouvelle Jérusalem sont faites d'or pur et les fondations sont en joyaux. Si les sables sur les rives du fleuve d'eau de la vie sont d'or et d'argent, à plus forte raison combien plus étonnants doivent être les matériaux des autres bâtiments?

La Nouvelle Jérusalem: un chef d'œuvre de Dieu

Parmi tous les bâtiments mondialement connus, leur éclat, valeur, élégance et délicatesse varient d'une structure à l'autre selon les matériaux qui sont utilisés pour les construire. Les marbres sont plus brillants, plus élégants et plus beau que le sable, le bois ou le ciment.

Pouvez-vous imaginer combien merveilleux et splendide cela serait si vous bâtissiez un bâtiment entier avec de l'or et des joyaux? De plus, combien plus merveilleux doivent être les bâtiments au ciel, construits avec les plus beaux matériels!

L'or et les joyaux dans le ciel, faits par la puissance de Dieu sont très différents de par leur qualité, couleur et raffinement de ceux faits sur la terre. Leur pureté et la lumière qui brille aussi merveilleusement ne peuvent pas suffisamment être exprimés par des mots.

Même sur cette terre, beaucoup de sortes de vases peuvent être modelés au départ de la même argile. Ce peut être des vases de chine chers ou de la poterie bon marché, selon le type d'argile et le niveau de compétence du potier. Il a fallu des milliers d'années à Dieu pour bâtir la Nouvelle Jérusalem, Son chef d'œuvre, qui est remplie de la merveilleuse, précieuse et parfaite gloire de l'Architecte de la Ville.

L'Or pur représente la foi et la vie éternelle

L'or pur est un or à cent pour cent, sans aucune impureté, et c'est la seule chose qui ne change jamais sur cette terre. A cause de cette caractéristique, beaucoup de pays l'ont utilisé comme un standard pour leur monnaie et taux de change, et il est utilisé pour la décoration et des usages industriels également. L'or pur est recherché et aimé par de nombreuses personnes.

La raison pour laquelle Dieu nous a donné l'or sur cette terre est pour nous permettre de réaliser qu'il y a des choses qui ne changent jamais et qu'un monde éternel existe vraiment. Les choses sur cette terre s'usent et changent avec le temps. Si nous n'avions que de telles choses, ce serait difficile pour nous de réaliser qu'il y a un ciel éternel avec notre connaissance limitée.

C'est pourquoi Dieu nous permet de savoir qu'il y a des choses éternelles au travers de cet or qui ne change jamais. C'est afin que nous réalisions qu'il y a quelque chose qui ne change jamais et pour que nous ayons de l'espoir pour le ciel éternel. L'or pur représente la foi spirituelle qui ne change jamais. Pour cela, si vous êtes sages, vous allez essayer de gagner la foi qui est comme l'or pur qui ne change jamais.

Il y a de nombreuses choses faites avec de l'or pur dans le ciel. Imaginez combien nous serions reconnaissants de simplement regarder vers le ciel fait d'or pur, que nous avons considéré comme le plus précieux dans cette vie sur la terre !

Ceux qui ne sont pas sages chérissent cependant l'or dans la mesure où cela leur permet d'améliorer le score de leur prospérité. Parallèlement, ils restent éloignés de Dieu et ne l'aiment pas, et ils tomberont finalement dans l'étang de feu ou de souffre brûlant dans l'enfer, et regretter perpétuellement :

«*Je ne souffrirais pas en enfer si j'avais considéré la foi aussi précieuse que j'ai considéré l'or...*»

C'est pourquoi, j'espère que vous serez sage et que vous posséderez le ciel en essayant d'obtenir la foi qui ne change pas, et non l'or de ce monde que vous aurez à quitter une fois que votre vie sur cette terre aura pris fin.

Les joyaux représentent la gloire et l'amour de Dieu

Les joyaux sont solides et ont un haut index de réfraction. Ils possèdent et rendent de belles lumières et couleurs. Comme ils ne sont pas produits en grandes quantités, ils sont aimés par de nombreuses personnes et considérés comme précieux. Dans le ciel, Dieu va habiller ceux qui possèdent le ciel par la foi avec du lin fin et les décorer avec de nombreux joyaux pour exprimer Son amour.

Les gens aiment les joyaux et essaient de se rendre plus beaux en se décorant de nombreuses décorations. Combien cela sera merveilleux lorsque Dieu vous donnera de merveilleux joyaux dans le ciel?

On pourrait se demander, «Pourquoi avez-vous besoin de joyaux dans le ciel?» Les joyaux dans le ciel représentent la gloire de Dieu, et la quantité de joyaux que quelqu'un reçoit en récompense représente l'étendue de l'amour de Dieu pour cette personne.

Il y a un nombre incalculable d'espèces et de couleurs de joyaux au ciel. Pour les douze fondations de la Nouvelle Jérusalem, il y a le saphir d'une couleur bleue foncée transparente, l'émeraude d'un vert transparent; le rubis rouge foncé; et la chrysolite d'une couleur jaune verte transparente. Le béryl est d'un bleu vert qui rappelle l'eau claire de la mer, et la topaze qui a une couleur orangée douce. La chrysoprase est d'un vert foncé semi transparent, et l'améthyste a une couleur violet claire ou une couleur mauve foncée.

En plus de ceux-là, il y a un nombre incalculable de joyaux qui possèdent et reflètent de belles couleurs tel le jaspe, la calcédoine la sardonyx et la jacinthe. Tous ces joyaux ont différents noms et significations tout comme en ont les joyaux sur cette terre. Les noms et les couleurs de chaque joyau sont combinés pour montrer la dignité, l'orgueil, la valeur et la gloire.

Tout comme les joyaux sur cette terre rendent différentes couleurs et lumières sous différents angles, les joyaux dans le ciel ont différentes couleurs et reflètent deux ou trois fois les lumières.

Naturellement, ces joyaux sont plus beaux au-delà de toute comparaison que ceux trouvés sur cette terre parce que c'est Dieu Lui-même qui les a polis par la puissance de la création. C'est pourquoi l'apôtre Jean a dit que la beauté de la Nouvelle

Jérusalem est comme les pierres les plus précieuses.

Les joyaux de la Nouvelle Jérusalem rendent aussi de beaucoup plus belles lumières que ceux d'autres lieux de séjour, parce que les enfants de Dieu qui entrent dans la Nouvelle Jérusalem auront totalement accompli le cœur de Dieu et Lui auront rendu gloire. Donc, à la fois l'extérieur et l'intérieur de la Nouvelle Jérusalem sont décorés avec beaucoup d'espèces de beaux joyaux de différentes couleurs. Ces joyaux ne sont cependant pas donnés à tout le monde, mais donnés en récompense selon les oeuvres de foi de chacun sur cette terre.

Les Murs de la Nouvelle Jérusalem Faits de Jaspe

Apocalypse 21:18 nous dit que les murs de la Nouvelle Jérusalem étaient «faits de jaspe». Pouvez-vous imaginer combien imposants doivent être les murs de la Nouvelle Jérusalem faits avec du jaspe tout autour?

Le Jaspe représente la foi spirituelle

Le jaspe trouvé sur cette terre est généralement une pierre dure et opaque. Sa couleur varie, de la gamme du vert, rouge, jusqu'au jaune vert. Certaines de ses couleurs sont mélangées et certaines d'entre elles ont des taches. La solidité varie en fonction de la couleur. Le jaspe est relativement bon marché et certaines pierres se brisent facilement, mais le jaspe céleste, fabriqué par Dieu ne change et ne se brise pas. Le jaspe céleste a une couleur bleue et blanche et il est transparent et cela ressemble au fait de regarder dans un amas d'eau claire. Malgré qu'il ne puisse être comparé à rien sur cette terre, il est semblable à des lumières solaires brillantes, bleutées qui se reflètent dans les vagues de l'océan.

Ce jaspe représente la foi spirituelle. La foi est l'élément le plus essentiel et fondamental pour mener une vie chrétienne. Sans la foi vous ne pouvez ni recevoir votre salut, ni plaire à Dieu. De plus, sans le type de foi qui peut plaire à Dieu, vous ne pouvez pas entrer dans la Nouvelle Jérusalem.

C'est pourquoi, la ville de la Nouvelle Jérusalem est construite avec foi, et le joyau qui peut exprimer la couleur de cette foi est le jaspe. C'est pourquoi les murs de la Nouvelle Jérusalem sont faits de jaspe.

Si la Bible nous dit «Les murs de la Nouvelle Jérusalem sont faits de foi,» les gens pourraient-ils comprendre une telle expression? Bien sûr, cela ne peut pas être compris avec des pensées humaines et ce serait très difficile pour des gens d'essayer même d'imaginer combien magnifiquement la Nouvelle Jérusalem est décorée.

Les murs faits de jaspe brillent clairement avec la lumière de la gloire de Dieu et sont décorés de nombreux designs et motifs.

La Ville de la Nouvelle Jérusalem est le chef d'œuvre de Dieu le Créateur et l'endroit de repos éternel pour le meilleur fruit des 6.000 ans de culture humaine. Combien brillante, belle et magnifique serait la Ville?

Nous devons réaliser que la Nouvelle Jérusalem est faite avec la meilleure technologie et les meilleurs équipements dont nous ne pouvons même pas imaginer le mécanisme.

Malgré que le mur soit transparent, l'intérieur n'est pas visible de l'extérieur. Cependant, cela ne veut pas dire que les gens dans la ville auront l'impression d'être enfermés dans les murs de la ville. Les résidents de la Nouvelle Jérusalem peuvent voir à l'extérieur de la ville de l'intérieur et ils sentent comme s'il n'y avait pas de murs. Combien cela est miraculeux!

Faite d'Or Pur Semblable à du Verre Pur

La dernière partie d'Apocalypse 21:18 dit, *«La ville était d'or pur, semblable à du verre pur.»* Considérons maintenant les caractéristiques de l'or pour nous aider à imaginer la Nouvelle Jérusalem et en saisir la beauté.

L'or pur a une valeur qui ne change pas

L'or n'est pas oxydé par l'air ou l'eau. Il ne change pas avec le temps et ne montre aucune réaction chimique avec d'autres substances. L'or garde toujours le même magnifique éclat. L'or sur cette terre est trop mou, c'est pourquoi, nous faisons un alliage; au ciel, l'or n'est pas trop mou. L'or et d'autres joyaux dans le ciel rendent aussi différentes couleurs et ont une solidité différente que ceux trouvés sur cette terre, parce qu'ils reçoivent la lumière de la gloire de Dieu.

Même sur cette terre, l'élégance et la valeur des joyaux diffèrent selon la compétence et la technique du joaillier. Combien plus précieux et plus beaux doivent être les joyaux dans la Nouvelle Jérusalem, étant donné qu'ils sont touchés et dessinés par Dieu Lui-même?

Il n'y a aucune avidité ni de désir pour de beaux et bons objets dans le ciel. Sur la terre, les gens ont la tendance d'aimer les joyaux pour leur côté somptueux et leur réputation, mais dans le ciel, ils aiment les joyaux spirituellement parce qu'ils connaissent la signification spirituelle de chacun d'eux et ils comprennent l'amour de Dieu qui a préparé et décoré le ciel avec de beaux joyaux.

Dieu a fait la Nouvelle Jérusalem avec de l'or pur

Pourquoi donc, Dieu a-t-Il fait les murs de la Nouvelle Jérusalem en or pur qui est aussi transparent que le verre? Comme c'est expliqué auparavant, l'or pur représente spirituellement la foi, l'espérance qui est née de la foi, la richesse, l'honneur et l'autorité. «L'espérance née de la foi» signifie que vous pouvez recevoir le salut, l'espérance pour la Nouvelle Jérusalem, chasser vos péchés, commencer à vous sanctifier, et regarder aux récompenses avec espérance, parce que vous avez la foi.

Pour cela, Dieu a fait Sa ville en or pur afin que ceux qui y entrent avec une espérance passionnée seront à jamais remplis de gratitude et de bonheur.

Apocalypse 21:18 nous dit que la Nouvelle Jérusalem est «semblable à du verre pur». C'est pour exprimer combien clair et raffiné est le paysage de la Nouvelle Jérusalem. L'or dans le ciel est transparent et pur comme le verre contrairement à l'or opaque trouvé sur cette terre.

Essayez d'imaginer la Ville de la Nouvelle Jérusalem faite d'or pur et raffiné et beaucoup d'espèces de beaux joyaux de différentes couleurs.

Après avoir accepté le Seigneur, j'ai considéré l'or et les joyaux comme des pierres ordinaires et je n'ai jamais désir les posséder. J'étais plein d'espoir pour le ciel et je n'aimais pas les choses de ce monde. Cependant, lorsque j'ai prié pour apprendre à propos du ciel, le Seigneur m'a dit, «Au ciel, tout est fait de beaux joyaux et d'or; tu devrais les aimer.» Il n'a pas voulu dire que je devais commencer à collecter l'or et les joyaux. Au contraire, je devais réaliser la providence et la signification spirituelle des joyaux et les aimer de la manière dont Dieu les a aimés.

Je vous recommande à aimer spirituellement l'or et les joyaux. Lorsque vous voyez de l'or, vous pourriez penser, «Je devrais avoir de la foi comme de l'or pur.» Lorsque vous voyez d'autres joyaux de valeur, vous pouvez espérer dans le ciel, en disant, «Combien belle sera ma maison dans le ciel?»

Je prie au nom du Seigneur que vous possédiez une maison céleste faite d'or qui ne change pas et de magnifiques joyaux en obtenant la foi comme de l'or pur et que vous couriez vers le ciel.

Chapitre 5

Les Significations des Douze Fondements

Les fondements de la muraille de la ville étaient ornés de pierres précieuses de toute espèce: le premier fondement était de jaspe, le second de saphir, le troisième de calcédoine, le quatrième d'émeraude, le cinquième de sardonyx, le sixième de sardoine, le septième de chrysolithe, le huitième de béryl, le neuvième de topaze, le dixième de chrysoprase, le onzième d'hyacinthe, le douzième d'améthyste.

- Apocalypse 21:19-20

L'apôtre Jean a écrit en détail à propos des douze fondements. Pourquoi Jean a-t-il donné un rapport si approfondi de la Nouvelle Jérusalem? Dieu veut que Ses enfants possèdent la vie éternelle et la vraie foi en prenant conscience de l'importance spirituelle des douze fondements de la Nouvelle Jérusalem.

Pourquoi Dieu a-t-il donc créé ces douze fondements avec douze pierres précieuses? La combinaison des douze pierres précieuses représente le cœur de Jésus-Christ et de Dieu, le comble de l'amour. Ainsi, si vous comprenez la signification spirituelle de chacune de ces douze pierres précieuses, vous pourrez facilement distinguer à quel point votre cœur ressemble à celui de Jésus-Christ, et déterminer si vous êtes qualifié pour entrer dans la Nouvelle Jérusalem.

Examinons maintenant ces douze pierres précieuses et leurs significations spirituelles.

Jaspe: Foi spirituelle

Le jaspe, premier fondement des murs de la Nouvelle Jérusalem, représente la foi spirituelle. La foi peut généralement être divisée en «foi spirituelle» et «foi charnelle». Tandis que la foi charnelle n'est basée que sur des connaissances, la foi spirituelle est la foi accompagnée d'actes qui trouvent leur origine au plus profond du cœur. Ce que Dieu recherche, ce n'est pas la foi charnelle, mais la foi spirituelle. Si vous n'avez pas la foi spirituelle, votre «foi» ne sera pas accompagnée d'actes, et vous ne pourrez ni plaire à Dieu, ni entrer dans la Nouvelle Jérusalem.

La foi spirituelle est la base de la vie chrétienne

Le terme «foi spirituelle» renvoie ici à la nature de la foi grâce à laquelle nous pouvons croire en la totalité de la Parole de Dieu du fond du cœur. Si vous avez ce genre de foi accompagnée d'actes, vous ferez tous vos efforts pour être sanctifié et courir vers la Nouvelle Jérusalem. La foi spirituelle constitue l'élément le plus important pour la vie du chrétien. Sans la foi, vous ne pouvez être sauvé, recevoir la réponse à vos prières ou avoir l'espoir du ciel.

Hébreux 11:6 nous rappelle: *«Or, sans la foi, il est impossible de lui être agréable; car il faut que celui qui s'approche de Dieu croie que Dieu existe, et qu'il est le rémunérateur de ceux qui le cherchent.»* Si vous avez la foi véritable, vous croirez au Dieu qui vous récompense et pourrez être fidèle, lutter contre le péché sous toutes ses formes jusqu'à vous en débarrasser et marcher sur le chemin étroit. Et vous serez en mesure de faire le bien avec ferveur et d'entrer dans la Nouvelle Jérusalem à la suite du Saint-Esprit.

Ainsi, la foi est la base de la vie du chrétien. Tout comme un bâtiment ne peut être sûr sans fondations solides, vous ne pouvez pas mener une bonne vie chrétienne sans une foi inébranlable. C'est pourquoi Jude 1:20-21 nous exhorte: «*Pour vous, bien-aimés, vous édifiant vous-mêmes sur votre très sainte foi, et priant par le Saint-Esprit, maintenez-vous dans l'amour de Dieu, en attendant la miséricorde de notre Seigneur Jésus-Christ pour la vie éternelle.*»

Abraham, le Père de la foi

Le personnage de la Bible qui illustre le mieux le fait de croire en la Parole de Dieu sans changement et qui démontre le plus totalement les actes d'obéissance est Abraham. Il a été appelé «le Père de la Foi», parce qu'il a montré de façon constante des actes parfaits de foi.

Il a reçu une parole de grande bénédiction de la part Dieu lorsqu'il avait 75 ans. Il s'agissait de la promesse que Dieu allait susciter une grande nation au travers de lui et qu'il serait la source de bénédictions. Il a cru cette parole et a quitté sa ville natale, mais il n'a pas pu avoir le fils qui allait devenir l'héritier avant que plus de 20 ans se soient passés.

Tant de temps s'était écoulé qu'Abraham et Sara, sa femme, étaient tous deux devenus trop vieux pour avoir des enfants. Malgré une telle situation, Romains 4:19-20 nous dit: «*Il ne douta point, par incrédulité.*» Il a grandi ferme dans la foi et a cru entièrement en la promesse de Dieu; de sorte que son fils, Isaac, est né lorsqu'il avait 100 ans.

Cependant, il y a une autre occasion où la foi d'Abraham s'est révélée de façon encore plus vive. Il s'agit de l'épisode durant lequel Dieu a commandé à Abraham d'offrir Isaac, son fils unique, en sacrifice. Abraham n'a pas mis en doute la Parole de Dieu selon laquelle Dieu lui donnerait d'innombrables descendants au travers d'Isaac. Parce qu'il avait eu une foi ferme dans la Parole de Dieu, il a pensé que Dieu ranimerait Isaac, même s'il l'offrait en sacrifice.

C'est pourquoi il a immédiatement obéi à la Parole de Dieu. Au travers de cette expérience, Abraham s'est révélé être plus que qualifié pour devenir le Père de la Foi. De plus, au travers des descendants d'Abraham, la nation d'Israël a été formée. Cela signifie que le fruit de sa foi a également été confirmé dans la chair.

Parce qu'il a cru en Dieu et en Sa Parole, il a obéi exactement à ce qui avait été dit. Il s'agit donc d'un exemple de foi spirituelle.

Pierre a reçu les clés du royaume des cieux

Considérons un individu qui avait ce genre de foi spirituelle. Quel genre de foi l'apôtre Pierre avait-il pour que son nom soit inscrit sur l'une des pierres fondatrices de la Nouvelle Jérusalem? Avant même qu'il n'ait été appelé pour être disciple, nous savons que Pierre obéissait à Jésus. Par exemple, lorsque Jésus lui a demandé de laisser ses filets de pêche, il a obtempéré immédiatement (Luc 5:3-6). En plus, lorsque Jésus lui a dit d'apporter une ânesse et son ânon, il a obéi avec foi (Matthieu 21:1-7). Pierre a obéi lorsque Jésus lui a ordonné d'aller au lac et d'attraper un poisson pour en obtenir une pièce (Matthieu 17:27). En outre, il a marché sur l'eau comme Jésus, même si ce n'était que pour un instant. Nous aurions raison de penser que Pierre avait énormément de foi.

En conséquence, Jésus a considéré la foi de Pierre comme juste et lui a donné les clés du royaume des cieux, de sorte que tout ce qu'il lierait sur la terre serait lié dans le ciel, et que tout ce qu'il délierait sur la terre serait délié dans le ciel (Matthieu 16:19). Pierre a obtenu une foi encore plus parfaite après avoir reçu le Saint-Esprit. Il a rendu témoignage de Jésus-Christ avec audace et s'est consacré au royaume de Dieu pour le reste de sa vie jusqu'à sa mort en martyr.

Nous devrions avancer vers le ciel comme Pierre, rendre gloire à Dieu, et entrer dans la Nouvelle Jérusalem avec la foi qui peut Lui être agréable.

Saphir: Droiture et intégrité

Le Saphir, le deuxième fondement des murs de la Nouvelle Jérusalem, est d'une couleur bleue foncée transparente. Quelle est donc la signification spirituelle du saphir? Le saphir représente la droiture et l'intégrité de la vérité elle-même, vérité qui s'oppose fermement à toutes tentations ou menaces de ce monde. Le Saphir est une pierre qui représente la lumière de la vérité qui peut rester inaltérable et le «cœur droit» qui estime toute la volonté de Dieu comme étant exacte.

Daniel et ses trois amis

Daniel et ses trois amis Schadrac, Méschac et Abed Nego,

sont de bons exemples de droiture et d'intégrité dans la Bible. Daniel n'a fait aucun compromis avec tout ce qui n'était pas en accord avec la droiture de Dieu, même s'il s'agissait d'un ordre de son roi. Daniel est resté droit devant Dieu jusqu'à ce qu'il soit jeté dans la fosse aux lions. Dieu était tellement heureux de l'intégrité de la foi de Daniel qu'il a protégé Daniel en envoyant des anges pour fermer la gueule des lions, ce qui lui a permis de grandement glorifier Dieu.

Daniel 3:16-18 nous apprend que les trois amis de Daniel s'accrochaient également à la foi d'un cœur droit jusqu'à ce qu'ils soient jetés dans la fournaise ardente. Afin de ne pas commettre le péché d'adorer des idoles, ils ont courageusement confessé devant le roi ce qui suit:

> *Nous n'avons pas besoin de te répondre là-dessus. Voici, notre Dieu que nous servons peut nous délivrer de la fournaise ardente, et il nous délivrera de ta main, ô roi. Sinon, sache, ô roi, que nous ne servirons pas tes dieux, et que nous n'adorerons pas la statue d'or que tu as élevée.*

En fin de compte, et quoique la température de la fournaise ait été augmentée pour être sept fois plus élevée que d'habitude, les trois amis de Daniel n'ont absolument pas été brûlés du tout parce que Dieu était avec eux. N'est-il pas étonnant que pas même un seul des cheveux de leur tête n'ait brûlé et que leurs vêtements ne sentaient même pas le feu! Le roi, qui a vu tout cela, a rendu gloire à Dieu et a promu les trois amis de Daniel.

Nous devrions demander par la foi, sans le moindre doute

Jacques 1:6-8 nous dit combien Dieu déteste les cœurs qui ne sont pas droits:

> *Mais qu'il la demande avec foi, sans douter; car celui qui doute est semblable au flot de la mer, agité par le vent et poussé de côté et d'autre. Qu'un tel homme ne s'imagine pas qu'il recevra quelque chose du Seigneur: c'est un homme irrésolu, inconstant dans toutes ses voies.*

Si nos cœurs ne sont pas droits, et si nous doutons de Dieu, ne serait-ce qu'un peu, nous sommes irrésolus. Ceux qui doutent sont susceptibles d'être facilement ébranlés par les tentations de ce monde, car ils sont inattentifs et tortueux. En outre, ceux qui sont «irrésolus» ne peuvent pas voir la gloire de Dieu, parce qu'ils sont incapables de démontrer leur foi ou d'obéir. C'est pourquoi il nous est rappelé: *«Qu'un tel homme ne s'imagine pas qu'il recevra quelque chose du Seigneur.»* (Jacques 1:7).

Peu après la fondation de mon église, mes trois filles sont presque mortes par intoxication au monoxyde de carbone. Et pourtant, je ne me suis pas inquiété du tout et je n'ai pas eu la pensée de les emmener à l'hôpital car je croyais complètement dans le Dieu Tout-Puissant. Je suis simplement monté au sanctuaire et me suis mis à genoux pour prier avec actions de grâces. Après cela, j'ai prié par la foi: «Je commande au nom de Jésus-Christ! Gaz toxique, va-t'en!» Puis mes filles, qui étaient inconscientes, se sont immédiatement mises debout une par une alors que je priais pour chacune d'elles. Bon nombre de membres de l'église qui ont été témoins de cette scène ont été vraiment étonnés et joyeux, et ont grandement glorifié Dieu.

Si nous avons une foi qui ne fait jamais de compromis avec ce monde et des cœurs droits qui sont agréables à Dieu, nous pouvons nous glorifier infiniment en lui et mener des vies heureuses en Christ.

Calcédoine: Innocence et amour sacrificiel

La calcédoine, le troisième fondement des murs de la Nouvelle Jérusalem, symbolise spirituellement l'innocence et l'amour sacrificiel.

L'innocence est l'état d'être propre et sans souillure en action et avec un cœur dans lequel aucune faute ne peut être trouvée. Lorsque l'on est en mesure de se sacrifier soi-même avec cette pureté de cœur, tel est le cœur d'esprit représenté par la calcédoine.

L'amour sacrificiel est un type d'amour qui ne demande jamais rien en retour si ce n'est pour la justice et le royaume de Dieu. Celui qui aime de cet amour sacrificiel ne sera satisfait qu'avec le fait qu'il aime les autres dans n'importe quel genre de situations et ne recherchera pas quoi que ce soit en retour. En effet, l'amour spirituel ne cherche pas son propre profit, mais uniquement le bien des autres.

L'amour charnel, au contraire, nous fait nous sentir vides, tristes et brisés si on n'est pas aimé en retour, parce que ce genre d'amour est par essence égoïste. Par conséquent, celui dont l'amour est charnel et qui ne possède pas un cœur sacrificiel peut même finir par haïr les autres ou devenir l'ennemi de personnes dont il était auparavant proche.

C'est pourquoi, nous devons réaliser que l'amour véritable est l'amour du Seigneur, qui a aimé toute l'humanité et est devenu un sacrifice d'expiation.

L'amour sacrificiel qui ne demande rien en retour

Notre Seigneur Jésus, étant de la même nature que Dieu, s'est dépouillé, s'est abaissé lui-même et est venu sur terre dans la chair pour sauver l'humanité. Il est né dans une étable, a été couché dans une mangeoire pour sauver des gens qui sont comme des animaux et a mené une vie pauvre toute sa vie pour nous sauver de la pauvreté. Jésus a guéri les malades, fortifié les faibles, donné de l'espoir à ceux qui n'en avaient plus et s'est fait l'ami de ceux qui étaient négligés. Il n'a rien montré d'autre que de la bonté et de l'amour, mais on s'est moqué de lui, on l'a fouetté et il a finalement été crucifié, avec la couronne d'épines sur la tête, à cause de personnes méchantes qui n'ont pas réalisé qu'il était venu pour être notre Sauveur.

Jésus, alors même qu'il souffrait la douleur de la crucifixion, a prié Dieu le Père avec amour pour ceux qui se moquaient de lui et l'avaient crucifié. Il était irréprochable et impeccable mais il s'est sacrifié lui-même pour les êtres humains pécheurs. Notre Seigneur a donné cet amour sacrificiel à toute l'humanité et veut que nous nous aimions tous les uns les autres. Ainsi, nous qui avons reçu ce genre d'amour du Seigneur ne devrions pas vouloir ou nous attendre à quoi que ce soit en retour si nous aimons vraiment les autres.

Ruth a fait preuve d'un amour sacrificiel

Ruth n'était pas Israélite, mais Moabite. Elle a épousé l'un des fils de Naomi qui était venu au pays de Moab pour échapper à la famine qui faisait rage en Israël. Naomi avait deux fils et ils se sont tous les deux mariés avec des femmes Moabites. Mais ses fils sont tous les deux morts.

Dans ce contexte, quand Naomi a entendu que la famine en Israël s'était terminée, elle a voulu revenir en Israël. Naomi a suggéré à ses belles-filles de rester à Moab, leur patrie. L'une d'entre elles a d'abord refusé, mais est finalement retournée chez ses parents. Par contre, Ruth a insisté pour suivre sa belle-mère.

Si Ruth n'avait pas eu cet amour sacrificiel, elle n'aurait pas agi de la sorte. Ruth devait soutenir sa belle-mère car celle-ci était très vieille. En outre, elle allait vivre dans une terre qui lui était complètement étrangère. Il n'y avait rien à gagner pour elle, même si elle servait très bien sa belle-mère.

Ruth a fait preuve d'amour sacrificiel envers sa belle-mère avec laquelle elle n'avait pas de lien de sang et qui était donc comme une étrangère. Cela était dû au fait que Ruth croyait également au Dieu dans lequel sa belle-mère croyait. Autrement dit, l'amour sacrificiel de Ruth n'émanait pas uniquement de son sens du devoir. Il s'agissait d'un amour spirituel qui découlait de sa foi en Dieu.

Ruth est donc arrivée en Israël avec sa belle-mère et a travaillé très dur. Durant la journée elle glanait dans les champs pour obtenir de la nourriture qu'elle servait ensuite à sa belle-mère. Cet acte de bonté véritable est naturellement devenu bien connu de la population. Finalement, Ruth a reçu de nombreuses bénédictions grâce à Boaz, qui était le parent rédempteur parmi les membres de la famille de sa belle-mère.

Beaucoup de gens pensent que s'ils s'humilient et se sacrifient, leur valeur sera également abaissée. C'est pourquoi ils ne peuvent pas se sacrifier ou s'humilier eux-mêmes. Mais ceux qui se sacrifient sans motivations égoïstes et avec un cœur pur seront finalement connus de Dieu et du peuple. La bonté et l'amour vont briller pour d'autres comme des lumières spirituelles. Dieu assimile la lumière de cet amour sacrificiel à la lumière de la calcédoine, le troisième fondement.

Emeraude : Droiture et pureté

L'émeraude, quatrième fondement des murs de la Nouvelle Jérusalem, est verte et symbolise la beauté et le vert tendre de la nature. Spirituellement parlant, l'émeraude symbolise la droiture et la pureté et représente le fruit de la lumière tel que nous le découvrons dans Éphésiens 5:9 qui nous dit: *«Car le fruit de la lumière consiste en toute sorte de bonté, de justice et de vérité.»* La couleur qui renferme l'harmonie de «toute sorte de bonté, de justice et de vérité» est la même que la lumière spirituelle de l'émeraude. Ce n'est que lorsque nous avons toute sorte de bonté, de justice et de vérité que nous pouvons être vraiment justes aux yeux de Dieu.

Il ne peut pas s'agir uniquement de bonté sans droiture, ni de droiture sans bonté. De plus, cette harmonie de bonté et de droiture doit être sincère. La vérité ne change jamais. Par conséquent, même si nous avons la bonté et la droiture, cela n'a pas de sens sans sincérité.

La «justice» que Dieu reconnaît implique le rejet du péché,

le fait de se conformer entièrement aux commandements trouvés dans la Bible, et le fait de se purifier soi-même de toutes sortes de considérations mauvaises, étant fidèles dans tous les domaines de la vie, et ainsi de suite. Cela implique également de chercher le royaume et la justice de Dieu selon Sa volonté, de pratiquer des actions droites et disciplinées, de ne pas s'égarer de la justice, de demeurer fermement dans ce qui est droit. Les autres choses semblables font également partie de la «droiture» reconnue par Dieu.

Peu importe combien nous pouvons être doux et bons, nous n'allons pas porter le fruit de la lumière à moins d'être droits. Supposons que quelqu'un attrape votre père par la gorge et l'insulte bien qu'il soit innocent. Si vous restez calme et regardez votre père souffrir, on ne peut pas appeler cela la vraie droiture et il ne pourra pas être dit que vous avez accompli votre devoir en tant que fils de votre père.

Par conséquent, la bonté sans la justice n'est pas la «bonté» spirituelle aux yeux de Dieu. Comment un esprit tortueux et irrésolu pourrait-il être considéré comme bon? Inversement, la droiture sans bonté ne peut être de la «droiture» aux yeux de Dieu. Elle ne peut être considérée comme telle que du point de vue de l'homme qui se croit droit.

La droiture et la pureté de David

David était le deuxième roi d'Israël, juste après Saül. Lorsque Saül était roi, Israël était en guerre contre les Philistins. La foi de David le rendait agréable à Dieu et lui a permis de vaincre Goliath. C'est ainsi qu'Israël a remporté la victoire.

Puis, comme après cela les gens se sont mis à aimer David, Saül a essayé de le tuer par jalousie. Dieu avait déjà abandonné

Saül à cause de son arrogance et de sa désobéissance. Dieu a promis qu'Il ferait David roi à la place de Saül.

Malgré ce contexte, David a traité Saül avec bonté, droiture et vérité. Bien qu'il ait été innocent, David devait sans cesse fuir pour échapper à Saül qui essayait de le tuer, et cela a duré longtemps. Un jour, David a eu une très bonne occasion de tuer Saül. Les guerriers qui étaient avec David étaient heureux et ont voulu tuer Saül, mais David les en a empêché.

Dans 1 Samuel 24:7 il est écrit: *«Il [David] dit à ses gens: Que l'Eternel me garde de commettre contre mon seigneur, l'oint de l'Eternel, une action telle que de porter ma main sur lui! car il est l'oint de l'Eternel.»*

Bien que Saül ait été abandonné par Dieu, David ne pouvait nuire à Saül, car celui-ci avait été oint comme roi par Dieu. Parce que le pouvoir de laisser Saül vivre ou mourir revenait à Dieu, David n'a pas été au-delà de ses limites. Dieu dit qu'un cœur comme celui de David est un cœur droit.

Sa droiture s'est révélée, tout comme sa bonté émouvante. Saül a essayé de le tuer, mais David a épargné sa vie. Quelle grande bonté. Il n'a pas rendu le mal par le mal mais il n'a rendu que des paroles et des actes pleins de bonté. Cette bonté et cette droiture étaient sincères, ce qui signifie qu'elles découlaient de la vérité elle-même.

Lorsque Saül a su que David avait épargné sa vie, il a été touché par cette bonté et a semblé avoir un changement de cœur. Mais très vite, il a à nouveau changé d'attitude et, une fois encore, il a essayé de tuer David. Une fois de plus, David a eu une occasion de tuer Saül, mais, comme auparavant, il a épargné la vie de Saül. David a fait preuve d'une bonté et d'une droiture sans changement qui a pu être reconnue par Dieu.

Si David avait tué Saül à la première occasion, aurait-il pu devenir roi plus tôt sans passer par tant de souffrances ? Bien sûr qu'il aurait pu. Même si nous devons traverser davantage de souffrances et de difficultés dans la vie, nous devrions toujours avoir à cœur de choisir la droiture de Dieu. Et si nous sommes un jour reconnus par Dieu comme justes, le niveau de ce que Dieu nous garantit sera différent.

David n'a pas tué Saül de sa propre main. Saül est mort aux mains des Gentils. Et comme Dieu le lui avait affirmé, David est devenu roi d'Israël. En outre, après être devenu roi, David a pu rendre la nation très forte. La raison la plus évidente pour cela est que Dieu a été très heureux de la droiture et de la pureté de cœur de David.

De même, nous devons être harmonieux et parfait dans la bonté, la droiture et la vérité, afin de pouvoir porter le fruit abondant de la lumière, le fruit de l'émeraude, quatrième fondement, et émettre le parfum de la droiture qui est agréable à Dieu.

Sardonyx : Fidélité spirituelle

La sardonyx, le cinquième fondement des murs de la Nouvelle Jérusalem, symbolise spirituellement la fidélité spirituelle. Si nous faisons simplement ce que nous sommes censés faire, nous ne pouvons pas dire que nous sommes fidèles. Nous pouvons dire que nous sommes fidèles lorsque nous faisons plus que ce que nous sommes censés faire. Pour faire plus que ce qui nous a été donné comme tâches, nous ne pouvons pas être paresseux. Nous devons être diligents et consciencieux dans toutes les tâches que nous devons accomplir, puis nous devons faire encore plus.

Imaginons que vous soyez un employé. Si vous vous contentez de bien faire votre travail, pouvons-nous dire que vous êtes fidèle? Vous avez fait ce que vous étiez censé faire et nous ne pouvons donc pas dire que vous êtes dévoué et fidèle. Vous devez accomplir non seulement le travail qui vous est confié, mais encore essayer de faire des tâches qui ne vous ont pas été confiées initialement, et les faire de tout votre cœur et de toute votre pensée. Ce n'est qu'alors que l'on pourra dire que vous êtes fidèle.

Le type de fidélité qui ne ménage pas ses efforts et est reconnue par Dieu consiste à accomplir votre devoir de tout votre cœur, de toute votre pensée, de toute votre âme et de toute votre vie. Et ce genre de fidélité doit se traduire dans tous les domaines de la vie: l'église, le lieu de travail et la famille. Alors, nous pourrons dire que vous êtes fidèle dans toute la maison de Dieu.

Pour être spirituellement fidèle

Pour développer cette fidélité spirituelle, nous devons tout d'abord avoir un cœur droit. Nous devrions désirer que le royaume de Dieu s'étende, que l'église se réveille et croisse, que nos lieux de travail soient prospères et que nos familles soient heureuses. Si nous ne cherchons pas uniquement notre propre satisfaction, mais désirons que les autres et la communauté soient prospères, c'est cela avoir un cœur droit.

Pour être fidèles, nous devrions avoir, en plus de ce cœur droit, un cœur sacrificiel. Si nous pensons seulement «le plus important est ma prospérité, et pas le fait de savoir si oui ou non l'église est en train de grandir» nous n'allons probablement pas nous sacrifier pour l'église. Nous ne pouvons pas trouver la fidélité dans ce genre de personne. De plus, Dieu ne pourra pas dire que ce genre de cœur est un cœur qui est droit.

En plus de cette droiture, si nous avons aussi un cœur sacrificiel, nous travaillerons fidèlement pour le salut des âmes et pour l'église. Même si nous n'avons pas de tâche particulière, nous prêcherons l'évangile diligemment. Même si personne ne nous demande de le faire, nous prendrons soin des autres âmes. Nous sacrifierons même nos temps de loisirs pour prendre soin des âmes. Nous dépenserons aussi notre argent pour le bénéfice des autres âmes et nous leur donnerons tout notre amour et notre fidélité.

Et pour que cette fidélité devienne fidélité dans toute la maison de Dieu, nous devons également avoir un cœur bon. Ceux qui ont des cœurs bons ne favoriseront pas une chose ou l'autre. Si nous avons négligé un certain point, nous ne serons pas à l'aise si nous avons des cœurs bons.

Si vous avez un cœur bon, vous serez fidèle dans toutes les tâches qui vous seront confiées. Vous ne négligerez pas pour autant les autres groupes en vous disant: «Comme je suis le responsable de ce groupe-ci, les membres de l'autre groupe comprendront pourquoi je ne peux pas assister à cette réunion-là.» Votre bonté au plus profond de votre être vous dicte que vous ne devez pas négliger l'autre groupe. Donc, même si vous ne pouvez pas être présent à la réunion, vous ferez quelque chose pour montrer que l'autre groupe est également important pour vous.

La dimension de ce genre d'attitude sera différente selon la dimension de bonté que vous avez. Si vous avez une petite bonté, vous ne vous préoccuperez même pas vraiment de l'autre groupe. Par contre, si vous possédez une plus grande bonté, vous ne pourrez pas simplement faire comme si de rien n'était lorsque quelque chose provoque un malaise dans votre cœur. Vous savez quels genres d'actes sont des actes de bonté et lorsque vous n'accomplissez pas ces actes de bonté, vous avez du mal à le supporter. Vous aurez la paix uniquement lorsque vous pratiquerez de bonnes actions par des actes de bonté.

Ceux qui ont des cœurs bons auront vite un certain malaise au fond du cœur s'ils ne font pas ce qu'ils sont censés faire en toutes circonstances, que ce soit au travail ou à la maison. Ils ne cherchent même pas à donner comme excuse que la situation ne permettait pas tel ou tel acte de bonté.

Par exemple, supposons qu'un membre féminin de l'église ait beaucoup de titres. Elle consacre beaucoup de temps à l'église. Elle passe donc moins de temps avec son mari et ses enfants qu'auparavant.

Si elle a vraiment un cœur bon et fidèle dans toute la maison de Dieu, étant donné que le temps passé avec eux a diminué, elle doit donner à son mari et à ses enfants davantage d'amour et de soins. Elle doit faire de son mieux dans tous les domaines et avec toutes sortes de bonnes œuvres.

Alors, ceux qui l'entourent seront en mesure de humer l'arôme véritable de son cœur et d'être satisfaits. Parce qu'ils ressentent la bonté et l'amour véritables, ils essayeront de la comprendre et de l'aider. En conséquence, elle sera en paix avec tout le monde. C'est cela être fidèle dans toute la maison de Dieu avec un cœur bon.

Comme Moïse qui a été fidèle dans toute la maison de Dieu

Moïse était un prophète reconnu par Dieu à un point tel que Dieu lui parlait face à face. Moïse a rempli toutes ses fonctions complètement afin d'accomplir les choses que Dieu avait commandées, et ce sans beaucoup réfléchir à ses propres difficultés. Le peuple d'Israël se plaignait et désobéissait sans arrêt lorsqu'il se retrouvait face à la moindre difficulté, et ce même après avoir vu et vécu des prodiges et des miracles de Dieu, mais Moïse les conduisait constamment dans la foi et l'amour. Même quand Dieu a été en colère avec le peuple d'Israël à cause de ses péchés, Moïse ne s'est pas détourné d'eux. Il s'est à nouveau présenté devant l'Éternel et a déclaré:

Moïse retourna vers l'Eternel et dit: Ah! ce peuple a commis un grand péché. Ils se sont fait un dieu d'or. Pardonne maintenant leur péché! Sinon, efface-moi de ton livre que tu as écrit (Exode 32:31-32).

Il a jeûné au nom du peuple, au péril de sa propre vie et a été fidèle au-delà de ce que Dieu attendait de lui. C'est pourquoi Dieu a reconnu et a affirmé Moïse en disant: *«Il n'en est pas ainsi de mon serviteur Moïse. Il est fidèle dans toute ma maison»* (Nombres 12:7).

En outre, la fidélité que la sardonyx symbolise implique d'être fidèle même jusqu'à la mort, comme cela est écrit dans Apocalypse 2:10. Cela n'est possible que lorsque nous aimons Dieu avant tout. Il s'agit de donner tout notre temps, notre argent, et même notre vie, et faire plus que ce qu'il nous a été demandé de faire, et cela de tout notre cœur et de toute notre pensée.

Jadis, de loyaux serviteurs aidaient le roi et étaient fidèles à leur nation, au point même de sacrifier leur propre vie. Si le roi était un tyran, les serviteurs vraiment loyaux conseillaient le roi de suivre le droit chemin, même si oser parler de la sorte représentait un risque pour leur vie. Ils pouvaient être exilés ou mis à mort, néanmoins ils restaient loyaux parce qu'ils aimaient le roi et la nation, et ce même si cet amour leur coûtait la vie.

Nous devons aimer Dieu avant tout et faire plus que ce qui nous est demandé, en suivant l'exemple de ces loyaux serviteurs qui ont donné leur vie pour la nation et de Moïse qui a été fidèle dans toute la maison de Dieu pour chercher le royaume de Dieu et Sa justice. Ainsi, nous sommes appelés à vite nous sanctifier nous-mêmes et à être fidèles dans tous les aspects de nos vies, afin d'obtenir les qualifications nécessaires pour entrer dans la Nouvelle Jérusalem.

Sardoine: Amour passionné

La Sardoine est d'un rouge foncé transparent et symbolise le soleil brûlant. Il s'agit du sixième fondement des murs de la Nouvelle Jérusalem et elle symbolise spirituellement la passion, l'enthousiasme et l'amour passionné dans la recherche du royaume de Dieu et de la justice. C'est l'attitude du cœur qui nous entraîne à exécuter de toutes nos forces les tâches et devoirs qui nous sont confiés.

Différents niveaux d'amour passionné

Il existe de nombreux niveaux d'amour et, d'une manière

générale, l'amour peut être divisé en amour spirituel et amour charnel. L'amour spirituel ne change jamais parce qu'il s'agit d'un don de Dieu. Par contre, l'amour charnel change facilement, et ce surtout parce qu'il est égoïste.

Quel que soit le niveau de sincérité de l'amour des gens du monde, cet amour ne peut jamais être un amour spirituel, car il s'agit de l'amour du Seigneur qui ne peut être acquis que dans la vérité. Par ailleurs, nous ne pouvons pas avoir l'amour spirituel directement dès que nous saisissons la vérité. Nous ne l'obtenons que lorsque notre cœur ressemble à celui du Seigneur.

Êtes-vous doté de cet amour spirituel ? Vous pouvez vous examiner vous-même à l'aide de la définition de l'amour spirituel que l'on retrouve dans 1 Corinthiens 13 : 4-7.

> *L'amour est patient, il est plein de bonté ; l'amour n'est point envieux ; l'amour ne se vante point, il ne s'enfle point d'orgueil, il ne fait rien de malhonnête, il ne cherche point son intérêt, il ne s'irrite point, il ne soupçonne point le mal, il ne se réjouit point de l'injustice, mais il se réjouit de la vérité ; il excuse tout, il croit tout, il espère tout, il supporte tout.*

Par exemple, si nous sommes patients mais égoïstes, ou si nous ne sommes pas facilement irrités mais que nous sommes désagréables, nous ne possédons pas encore l'amour spirituel dont Paul parle. Il ne doit pas nous manquer une seule de ces choses pour qu'il s'agisse d'un véritable amour spirituel.

D'une part, si vous avez encore un sentiment de solitude ou de vide même si vous pensez que vous avez l'amour spirituel, c'est parce que vous avez voulu recevoir quelque chose en retour sans vous en rendre compte. Votre cœur n'a pas encore été complètement rempli de la vérité de l'amour spirituel.

D'autre part, si vous êtes rempli d'amour spirituel, vous ne vous sentirez jamais seul ou vide, mais vous serez toujours joyeux, heureux et reconnaissant. L'amour spirituel se réjouit de pouvoir donner: plus vous donnerez, plus vous serez joyeux, reconnaissant et heureux.

L'amour spirituel se réjouit en se donnant lui-même

Il est écrit dans Romains 5:8: *«Mais Dieu prouve son amour envers nous, en ce que, lorsque nous étions encore des pécheurs, Christ est mort pour nous.»*

Dieu aime tellement Jésus, Son fils unique, parce que Jésus est la vérité elle-même qui ressemble précisément à Dieu Lui-même. Pourtant, il a quand même donné Son Fils unique comme sacrifice d'expiation. Combien l'amour de Dieu est grand et précieux!

Dieu a démontré Son amour pour nous en sacrifiant Son fils unique. C'est pourquoi 1 Jean 4:16 déclare: *«Et nous, nous avons connu l'amour que Dieu a pour nous, et nous y avons cru. Dieu est amour; et celui qui demeure dans l'amour demeure en Dieu, et Dieu demeure en lui.»*

Afin de pouvoir entrer dans la Nouvelle Jérusalem, nous devons avoir l'amour de Dieu tel que nous pouvons nous sacrifier nous-mêmes et nous réjouir de pouvoir donner afin de pouvoir produire les éléments probants qui témoignent de notre vie en Dieu.

L'amour passionné pour les âmes de l'apôtre Paul

Le personnage biblique qui possède ce genre de cœur

passionné semblable à la sardoine de par sa consécration au royaume de Dieu est l'apôtre Paul. À partir du moment où il a rencontré le Seigneur jusqu'au moment de sa mort, ses actes d'amour pour le Seigneur n'ont jamais changé. En tant qu'apôtre des Gentils, il a amené de nombreuses âmes au salut et a implanté de nombreuses églises durant ses trois voyages missionnaires. Jusqu'à son martyre à Rome, il a constamment rendu témoignage de Jésus-Christ.

En tant qu'apôtre des Gentils, la route de Paul a été très dure et périlleuse. Il a traversé de nombreuses situations où sa vie était en danger et il a connu des persécutions continuelles de la part des Juifs. Il a été roué de coups et emprisonné et a fait naufrage à trois reprises. Parfois, il ne dormait pas. Souvent, il avait faim et soif. De plus, il a connu aussi bien des climats chauds que froids. Au cours de ses voyages missionnaires, il rencontrait toujours de nombreuses situations humainement difficiles à supporter.

Néanmoins, Paul n'a jamais regretté son choix. Il n'avait jamais eu de pensées passagères telles que «c'est difficile et je veux me reposer, ne serait-ce que pour un petit temps...» Son cœur n'a jamais oscillé et il n'a jamais eu peur de rien. Bien qu'il ait traversé tellement de difficultés, sa préoccupation première concernait uniquement l'église et les croyants.

Tout comme il l'a affirmé dans 2 Corinthiens 11:28-29: *«Et, sans parler d'autres choses, je suis assiégé chaque jour par les soucis que me donnent toutes les Églises. Qui est faible, que je ne sois faible? Qui vient à tomber, que je ne brûle?»*

Jusqu'à renoncer finalement à sa vie elle-même, Paul a démontré sa passion et sa ferveur dans ses efforts pour le salut des âmes. Nous pouvons voir combien son désir pour le salut des âmes était passionné dans Romains 9:3, où il déclare: *«Car je voudrais moi-même être anathème et séparé de Christ pour mes frères, mes parents selon la chair.»*

Ici, le terme « mes frères » ne signifie pas seulement ses parents de sang. Il fait référence à tous les enfants d'Israël, y compris les Juifs qui l'ont persécuté. Il a dit qu'il préférerait même choisir d'aller en enfer si cela leur permettait de recevoir le salut.

Nous pouvons voir à quel point son amour passionné pour les âmes était fort et combien sa ferveur pour leur salut était grande.

Cet amour passionné pour le Seigneur, cette ferveur et ces efforts pour le salut d'autres âmes est représenté par la couleur rouge de la sardoine.

Chrysolite: Miséricorde

La chrysolite, le septième fondement des murs de la Nouvelle Jérusalem, est une pierre transparente ou semi-transparente qui donne une couleur jaune, verte, bleue, rose ou qui semble par moments complètement transparente.

Quelle est la signification spirituelle de la chrysolite? Le sens spirituel de la miséricorde implique de comprendre en vérité quelqu'un qui ne peut pas du tout être compris et pardonner en vérité une personne qui ne peut pas être pardonnée du tout. Comprendre et pardonner « en vérité » signifie comprendre et pardonner avec l'amour de Dieu. La miséricorde par laquelle nous pouvons embrasser d'autres avec amour est la miséricorde symbolisée par la chrysolite.

Ceux qui possèdent cette miséricorde n'ont pas de préjugés. Ils ne pensent pas: « Lui, je ne l'aime pas à cause de cela. Elle, je ne l'aime pas à cause de ceci. » Ils ne détestent ou ne haïssent personne. Bien sûr, ils n'ont aucune hostilité.

Ils essaient simplement de tout voir et de tout penser d'une façon belle. Ils embrassent simplement tout le monde. Dès lors, même lorsqu'ils sont confrontés à une personne qui a commis un péché grave, ils ne montrent rien d'autre que de la compassion. Ils détestent le péché, mais pas le pécheur. Au contraire, ils le comprennent et l'embrassent. C'est cela la miséricorde.

Le cœur miséricordieux révélé par Jésus et Étienne

Jésus a montré sa miséricorde à Judas Iscariot qui allait le vendre. Jésus savait depuis le début que Judas Iscariot était celui qui le livrerait. Néanmoins, Jésus ne l'a pas exclu et il n'a pas tenté de garder ses distances par rapport à cet homme. Il n'a pas non plus éprouvé du ressentiment ou de la haine pour lui dans Son cœur. Jésus l'a aimé jusqu'à la fin et lui a donné des occasions de faire marche arrière. Ce cœur est le cœur miséricordieux.

Même lorsque Jésus a été cloué sur la croix, il ne s'est pas plaint, et il n'a pas non plus haï qui que ce soit. Il a plutôt prié en intercession pour ceux qui lui infligeaient des souffrances et des blessures, comme cela nous est affirmé dans Luc 23:34: *«Père, pardonne-leur, car ils ne savent ce qu'ils font.»*

Étienne possédait également ce genre de miséricorde. Étienne n'était pas un apôtre, mais il n'en était pas moins plein de grâce et de puissance. Et des gens méchants l'ont finalement lapidé. Cependant, alors même qu'il se faisait lapidé, il priait pour ceux qui l'assassinaient. Il est écrit dans Actes 7:60: *«Puis, s'étant mis à genoux, il s'écria d'une voix forte: Seigneur, ne leur impute pas ce péché! Et, après ces paroles, il s'endormit.»*

Le fait qu'Étienne ait prié pour ceux qui le mettaient à mort montre qu'il les avait déjà pardonnés. Il n'a pas ressenti de haine à leur égard. Cela nous montre qu'il portait le fruit parfait de la miséricorde qui l'a poussé à avoir de la compassion pour ces gens.

S'il y a quelqu'un que vous haïssez ou que vous n'aimez pas parmi les membres de votre famille, les frères dans la foi ou des collègues de travail, ou s'il y a quelqu'un dont vous pensez «Je n'aime pas son attitude. Il s'oppose toujours à moi et je ne l'aime pas» ou si vous n'aimez tout simplement pas et gardez vos distances par rapport à une personne pour diverses raisons, n'est-ce pas bien loin de la «miséricorde»?

Nous ne devrions pas détester ou haïr qui que ce soit. Nous devrions être en mesure de comprendre, d'accepter et de montrer Dieu à tout le monde. Dieu le Père nous montre la beauté de la miséricorde avec la pierre précieuse qu'est la chrysolithe.

Un cœur miséricordieux qui englobe tout

Quelle est donc la différence entre l'amour et la miséricorde?

L'amour spirituel consiste à se sacrifier soi-même sans chercher ses propres intérêts ou avantages, et sans rien vouloir en retour, tandis que la miséricorde repose plus sur le pardon et la tolérance. En d'autres termes, le cœur miséricordieux est celui qui comprend et ne déteste pas, et ce y compris ceux qui ne peuvent être compris ou aimés. La miséricorde ne hait ni ne méprise qui que ce soit, mais fortifie et réconforte les autres. Si vous avez ce genre de cœur chaleureux, vous ne signalerez pas les défauts et erreurs des autres mais, au contraire, vous les embrasserez afin de pouvoir avoir une bonne relation avec eux.

Comment devons-nous donc nous conduire vis-à-vis des gens méchants? Nous devons nous rappeler que nous étions jadis tous méchants mais que nous sommes venus à Dieu parce que quelqu'un d'autre nous a conduits vers la vérité dans l'amour et le pardon.

Lorsque nous entrons en contact avec des menteurs, nous oublions souvent que, nous aussi, nous avions l'habitude de mentir dans la poursuite de nos propres intérêts avant de croire en Dieu. Au lieu d'éviter ces gens, nous devrions leur montrer notre miséricorde afin qu'ils puissent se détourner de leurs mauvaises voies. Ce n'est que lorsque nous les comprendrons et les conduirons avec tolérance et amour que ces personnes pourront être changées et venir petit à petit vers la vérité jusqu'à ce qu'elles comprennent véritablement cette vérité. De même, la miséricorde traite tout le monde de la même façon sans aucun préjugé, sans vexer qui que ce soit, et essaie de comprendre tout dans un sens positif, que cela vous plaise ou non.

Béryl: Patience

Le béryl, huitième fondement des murs de la Nouvelle Jérusalem, est bleue ou verte foncée et rappelle le bleu de la mer. Quelle est la signification spirituelle du béryl? Le béryl symbolise la patience en tout dans la recherche du royaume et de la justice de Dieu. Le béryl nous parle d'un amour qui persévère, même envers ceux qui nous persécutent, nous maudissent et nous haïssent. Cet amour ne hait pas, ne se querelle pas et ne cherche pas à rendre la pareille.

Jacques 5:10 nous exhorte comme suit: «*Prenez, mes frères, pour modèles de souffrance et de patience les prophètes qui ont parlé au nom du Seigneur.*» Nous pouvons changer les autres lorsque nous sommes patients avec eux.

La patience comme fruit du Saint-Esprit et de l'amour spirituel

Nous pouvons lire concernant la patience en tant que l'un des neuf fruits du Saint-Esprit dans Galates 5 et en tant que fruit de l'amour dans 1 Corinthiens 13. Y a-t-il une différence entre la patience comme fruit du Saint-Esprit et la patience comme fruit de l'amour?

D'une part, la patience dans l'amour se réfère à la patience nécessaire pour surmonter toutes sortes de luttes personnelles, comme par exemple le fait d'être patient avec ceux qui vous insultent ou pour traverser les nombreux types de difficultés que l'on peut rencontrer dans la vie. D'autre part, la patience en tant que fruit du Saint-Esprit se réfère à la patience dans la vérité et devant Dieu en toutes choses.

Par conséquent, la patience en tant que fruit du Saint-Esprit a un sens plus large, et comprend la patience par rapport à des questions personnelles et la patience en ce qui concerne des questions relatives au royaume de Dieu et Sa justice.

Différentes sortes de patience dans la vérité

La patience pour chercher le royaume et la justice de Dieu peut être classée en trois catégories.

Premièrement, il y a la patience qui concerne notre relation avec Dieu. Nous devons être patients jusqu'à ce que la promesse de Dieu soit accomplie. Dieu le Père est fidèle; lorsqu'il annonce quelque chose, il l'accomplit sans changer d'avis. Ainsi, si nous avons reçu une promesse de Dieu, nous devons être patients jusqu'à ce qu'elle soit accomplie.

De la même façon, si nous avons demandé à Dieu quelque chose, nous devons être patients jusqu'à ce que la réponse arrive. Certains croyants parlent un peu comme ceci: «Je prie toute la nuit et je jeûne même, et pourtant je n'ai toujours pas de réponse.» C'est exactement comme si un agriculteur semait des graines, puis allait peu de temps après retourner la terre se demandant pourquoi il n'y a pas de fruits immédiats. Si nous avons semé les graines, nous devons être patients jusqu'à ce qu'elles germent, grandissent et développent des fleurs, puis enfin portent des fruits.

L'agriculteur arrache les mauvaises herbes et protège son champ contre les insectes nuisibles. Il effectue beaucoup de travail et transpire beaucoup pour récolter de bons fruits. De la même façon, pour recevoir la réponse à nos prières, il y a des choses que nous devons faire. Nous développons la mesure correcte en fonction de la mesure des sept Esprits: la foi, la joie, la prière, la reconnaissance, le fait de travailler dur avec fidélité, l'observation des commandements et l'amour.

Dieu ne nous répond immédiatement que si nous développons les montants requis selon les mesures de notre foi. Il nous faut comprendre qu'avec Dieu le temps de la patience est le temps nécessaire pour recevoir une réponse plus parfaite et nous pouvons donc nous réjouir et rendre encore plus grâce à Dieu.

Deuxièmement, il y a la patience dans nos relations avec les autres personnes. La patience de l'amour spirituel tombe dans cette catégorie. Pour aimer toutes sortes de personnes dans toutes sortes de relations humaines, nous avons besoin de patience.

Nous avons besoin de patience pour croire en toutes sortes de personnes, endurer avec elles, et espérer qu'elles prospéreront. Même si cette personne fait quelque chose qui est à l'opposé de ce à quoi nous nous attendions, nous devons être patients en toutes choses. Il nous faut comprendre, accepter, pardonner, produire du fruit et être patients.

Ceux qui tentent d'évangéliser beaucoup de gens sont susceptibles d'être maudits ou persécutés. Mais s'ils ont un cœur patient, ils visiteront à nouveau ces âmes avec un visage souriant. Remplis d'amour pour sauver ces âmes, ils se réjouissent, offrent des actions de grâce et ne renoncent jamais. Lorsqu'ils font preuve de ce genre de patience avec bonté et amour pour une personne qui est en train d'être évangélisée, l'obscurité s'en ira loin de cette personne à cause de cette lumière et elle pourra ouvrir son cœur pour accepter et recevoir le salut.

Troisièmement, il y a la patience pour changer le cœur.
Changer notre cœur implique d'en arracher tout ce qui n'est pas vrai et tout ce qui est mauvais pour y planter à la place la vérité et la bonté. Changer notre cœur ressemble au fait de défricher un champ. Nous devons ôter les cailloux et arracher les mauvaises herbes. Parfois, nous devons labourer le sol. Ensuite, le champ peut devenir bon et tout ce qui y est semé grandira et portera des fruits.

Il en est de même pour les cœurs des hommes. Si nous trouvons du mal dans notre cœur et l'en arrachons, nous pouvons avoir de bons champs du cœur. Puis, lorsque la parole de Dieu est semée, elle peut germer, croître et porter des fruits. Tout comme pour défricher la terre, nous devons également transpirer et travailler dur pour changer notre cœur. Nous devons crier sincèrement dans la prière de toutes nos forces et de tout notre cœur. Ensuite, nous pouvons recevoir la puissance du Saint-Esprit pour labourer le cœur charnel qui est comme une terre stérile.

Ce processus n'est pas aussi facile qu'on pourrait le croire. C'est pourquoi certaines personnes peuvent sentir comme un fardeau, se décourager ou tomber dans le désespoir. Nous avons donc besoin de patience. Même si on a l'impression que nous ne sommes en train de changer que très lentement, nous ne devrions jamais être déçus ou renoncer.

Nous devrions nous rappeler l'amour du Seigneur, qui est mort sur la croix pour nous, recevoir de nouvelles forces et continuer à cultiver le champ de notre cœur. De plus, nous devrions également considérer l'amour et la bénédiction que Dieu va nous donner lorsque nous aurons terminé de bien préparer notre cœur. Nous devons également continuer à travailler avec encore plus de reconnaissance.

Si nous n'avions aucun mal en nous, le terme «patience» ne serait pas utile. De même, si nous n'étions remplis que d'amour, de pardon et de compréhension, il n'y aurait pas besoin de «patience». Ainsi, Dieu veut que nous ayons le genre de patience qui rendrait le mot «patience» redondant. En fait, Dieu, qui est la bonté et l'amour personnifié, n'a pas besoin d'être patient. Pourtant, il nous dit qu'il est «patient» avec nous pour nous aider à comprendre le concept de la «patience». Nous devons nous rendre compte du fait que plus nous avons besoin d'être patients dans certaines circonstances, plus nos cœurs sont mauvais aux yeux de Dieu.

S'il n'existe aucune chose par rapport à laquelle nous devons être patients après avoir accompli le fruit parfait de la patience, nous serons toujours heureux, n'entendrons que les bonnes nouvelles d'ici et de là et nos cœurs nous sembleront aussi légers que si nous étions en train de marcher sur les nuages.

Topaze: Bonté spirituelle

La topaze, neuvième fondement des murs de la Nouvelle Jérusalem, est une pierre transparente d'une couleur rouge orange dégradé. Le cœur spirituel symbolisé par la topaze est la bonté spirituelle. La bonté est la qualité de ceux qui sont gentils, serviables et honnêtes. Mais le sens spirituel de la bonté est bien plus profond.

La bonté fait également partie des neuf fruits du Saint-Esprit avec le même sens que la bonté de la topaze. Le sens spirituel de la bonté consiste à chercher la bonté dans le Saint-Esprit.

Chaque personne a une norme de référence selon laquelle nous jugeons entre le bien et le mal. C'est ce que l'on appelle la «conscience». Le concept de la conscience varie selon les moments, les pays et les peuples.

Une seule norme de référence permet de mesurer la profondeur spirituelle de la bonté: la Parole de Dieu, la Vérité. Par conséquent, chercher la bonté selon notre perspective n'aboutira jamais à la bonté spirituelle. Par contre, chercher la bonté selon Dieu aboutit à la bonté spirituelle.

Matthieu 12:35 nous dit: *«L'homme bon tire de bonnes choses de son bon trésor, et l'homme méchant tire de mauvaises choses de son mauvais trésor.»* De même, ceux qui possèdent la bonté spirituelle manifesteront naturellement cette bonté. Peu importe où ils vont et qui ils rencontrent, des paroles et des œuvres empreintes de bonté émaneront d'eux.

Tout comme le parfum que l'on diffuse a un arôme agréable, le parfum de la bonté émanera de ceux qui possèdent la bonté. Ils répandront l'arôme de la bonté du Christ. Donc, le simple fait de rechercher la bonté du cœur ne peut pas être appelé de la bonté.

Si nous avons un cœur qui recherche la bonté, nous répandrons naturellement l'arôme de Christ par des paroles et des actes empreints de bonté. Ainsi, nous devrions démontrer de la vertu morale et de l'amour pour les gens qui nous entourent. C'est cela la bonté dans son vrai sens spirituel.

La norme de référence pour mesurer la bonté spirituelle

Dieu lui-même est bon et la bonté se retrouve partout dans la Bible, la Parole de Dieu. Certains versets de la Bible en particulier font ressortir encore davantage les couleurs de la topaze, à savoir les couleurs de la bonté spirituelle.

Tout d'abord, ces versets se trouvent dans Philippiens 2:1-4, qui nous dit: *«Si donc il y a quelque consolation en Christ, s'il y a quelque soulagement dans l'amour, s'il y a quelque communion d'esprit, s'il y a quelque compassion et quelque miséricorde, rendez ma joie parfaite, ayant un même sentiment, un même amour, une même âme, une même pensée. Ne faites rien par esprit de parti ou par vaine gloire, mais que l'humilité vous fasse regarder les autres comme étant au-dessus de vous-mêmes. Que chacun de vous, au lieu de considérer ses propres intérêts, considère aussi ceux des autres.»*

Même si une chose n'est pas correcte selon notre pensée et notre caractère, si nous recherchons la bonté dans le Seigneur, nous nous unirons à d'autres et nous mettrons d'accord avec leurs opinions. Nous ne nous querellerons pas pour quoi que ce soit. Nous n'aurons aucun désir de nous afficher ou d'être élevé par d'autres. Avec humilité de cœur, nous considérerons les autres comme étant au-dessus de nous-mêmes, et ce du plus profond de notre cœur. Nous ferons notre travail fidèlement et de façon très responsable. Nous serons même en mesure d'aider les autres dans leur travail.

Nous pouvons facilement voir quel genre de personnes possède la bonté dans le cœur dans la parabole du bon Samaritain que l'on retrouve dans Luc 10:25-37:

> *Un homme descendait de Jérusalem à Jéricho. Il tomba au milieu des brigands, qui le dépouillèrent, le chargèrent de coups, et s'en allèrent, le laissant à demi mort. Un sacrificateur, qui fortuitement descendait par le même chemin, ayant vu cet homme, passa outre. Un Lévite, qui arriva aussi dans ce lieu, l'ayant vu, passa outre. Mais un Samaritain, qui voyageait, étant venu là, fut ému de compassion lorsqu'il le vit. Il s'approcha, et banda ses plaies, en y versant de l'huile et du vin; puis il le mit sur sa propre monture, le conduisit à une hôtellerie, et prit soin de lui. Le lendemain, il tira deux deniers, les donna à l'hôte, et dit: Aie soin de lui, et ce que tu dépenseras de plus, je te le rendrai à mon retour. Lequel de ces trois te semble avoir été le prochain de celui qui était tombé au milieu des brigands? (Luc 10:30-36).*

Entre le sacrificateur, le Lévite et le bon Samaritain, qui, donc, est un vrai prochain et une personne remplie d'amour? Le Samaritain a pu être le vrai prochain de l'homme qui a été agressé car il avait la bonté dans son cœur qui lui a permis de faire le bon choix, même s'il était considéré comme un païen.

Il se peut que ce Samaritain n'ait pas bien connu la Parole de Dieu en tant que connaissances. Mais nous pouvons voir qu'il avait un cœur qui suivait la bonté. Cela signifie qu'il possédait la bonté spirituelle selon Dieu. Même si cela nous coûte tout notre temps et tout notre argent, nous devons toujours choisir la bonté de Dieu. C'est cela la bonté spirituelle.

La bonté de Jésus

Un autre verset de la Bible qui faire encore plus resplendir cette bonté se trouve dans Matthieu 12:19-20. Ce passage traite de la bonté de Jésus. Il y est écrit:

> *Il ne contestera point, il ne criera point, et personne n'entendra sa voix dans les rues. Il ne brisera point le roseau cassé, et il n'éteindra point le lumignon qui fume, jusqu'à ce qu'il ait fait triompher la justice.*

La phrase «jusqu'à ce qu'il ait fait triompher la justice» souligne que Jésus a agi uniquement d'un cœur bon durant l'ensemble du processus de la crucifixion et de la résurrection, nous donnant la victoire par Sa grâce qui sauve.

Comme Jésus était rempli de bonté spirituelle, il n'a jamais offensé ou contesté avec qui que ce soit. Il a tout accepté avec la sagesse de la bonté spirituelle et des paroles de vérité, et ce même quand il a rencontré des circonstances dures et apparemment inacceptables. En outre, Jésus n'a ni confronté ceux qui ont essayé de le tuer, ni tenté d'expliquer et de prouver son innocence. Il a tout laissé entre les mains Dieu et a tout accompli par Sa sagesse et Sa vérité spirituelle avec bonté spirituelle.

La bonté spirituelle caractérise le cœur qui ne doit pas ni «briser le roseau cassé, ni éteindre le lumignon qui fume». Cette définition devient la norme de référence de la bonté.

Ceux qui sont remplis de cette bonté ne crient pas et ne se querellent pas avec qui que ce soit. En outre, ils manifesteront également leur bonté dans leur apparence. Comme nous l'avons lu, «personne n'entendra sa voix dans les rues». Ceux qui ont cette bonté auront une apparence bonne et modeste. Comme les habitudes de Jésus devaient être irréprochables et parfaites dans Sa façon de marcher, dans Ses gestes et Sa manière de parler! Proverbes 22:11 nous dit: *«Celui qui aime la pureté du cœur, et qui a la grâce sur les lèvres, a le roi pour ami.»*

Tout d'abord, le «roseau cassé» représente ceux qui ont subi beaucoup de choses dans ce monde et ont le cœur brisé. Même lorsqu'ils cherchent Dieu d'un cœur spirituellement pauvre, Dieu ne les abandonne jamais, mais Il les accepte. Ce cœur de Dieu et ce cœur de Jésus est vraiment le comble de la bonté.

Ensuite, la même chose est vraie du cœur qui n'éteint pas le lumignon qui fume. Si le lumignon fume, cela signifie que le feu est en train de s'éteindre, mais il reste encore des petites flammes. En ce sens, «un lumignon» est une personne qui est tellement tachée par le mal que la lumière de son esprit est «fumante». Nous ne devrions jamais abandonner même ce genre de personnes, s'il reste la possibilité que la personne reçoive le salut. C'est cela la bonté.

Notre Seigneur n'abandonne pas même ceux qui vivent dans le péché et s'insurgent contre Dieu. Il frappe encore à la porte de leur cœur pour leur permettre d'atteindre le salut. Tel est le cœur plein de bonté de notre Seigneur.

Il y a des gens qui sont comme des roseaux brisés et des lumignons qui fument dans la foi. Quand ils tombent dans des tentations en raison de la faiblesse de leur foi, ils n'ont pas la force de revenir à nouveau à l'église d'eux-mêmes. Peut-être est-ce dû à certaines choses charnelles qu'ils n'ont pas encore chassées, peut-être ont-ils causé des dommages à d'autres membres de l'église. Ils se sentent tellement désolés et embarrassés qu'ils ne croient pas pouvoir revenir à l'église.

Il nous faut donc faire le premier pas vers eux. Il nous faut étendre nos mains vers eux et leur tenir la main. C'est cela la bonté. Il y a des gens qui étaient les premiers dans la foi, mais qui plus tard se sont retrouvés en arrière dans l'esprit. Certains d'entre eux deviennent également comme des « lumignons qui fument ».

Certains d'entre eux veulent être aimés et reconnus par les autres, mais ils n'y arrivent pas. Ils en ont donc le cœur brisé et ils commencent à manifester des choses mauvaises. Ils peuvent être jaloux des autres qui vont de l'avant dans l'esprit, et peuvent même les calomnier. Tout comme le lumignon, ils laissent échapper des fumées et des vapeurs.

Si nous avons la vraie bonté, nous serons également en mesure de comprendre ces personnes et de les accepter. Si nous essayons de discuter de ce qui est bon et mauvais en forçant les autres à se soumettre, ce n'est pas de la bonté. Nous devons bien les traiter avec sincérité et amour, et ce même envers ceux qui parlent ou agissent mal. Nous devons faire fondre leur cœur pour le changer. Quand nous faisons cela, nous agissons dans la bonté.

Chrysoprase: Maîtrise de soi

La chrysoprase, dixième fondement des murs de la Nouvelle Jérusalem, est la plus chère des calcédoines. Il s'agit d'une pierre semi-transparente verte foncée et l'une des pierres précieuses que les femmes coréennes d'antan considéraient comme très précieuses. Cette pierre représentait pour elles la chasteté et la pureté des femmes.

Quelle est la signification spirituelle de la chrysoprase ? Elle représente la maîtrise de soi. Il est bon d'avoir de l'abondance dans tout en Dieu, mais nous avons besoin de maîtrise de soi pour que tout puisse être beau. La maîtrise de soi est également l'un des neuf fruits du Saint-Esprit.

La maîtrise de soi pour atteindre la perfection

Tite 1:7-9 nous parle des conditions nécessaires pour être superviseur d'une église, et l'une des conditions est la maîtrise de soi. Si une personne qui manque de maîtrise de soi devient superviseur, que sera-t-il en mesure d'accomplir avec sa vie incontrôlée ?

Dans tout ce que nous faisons pour et dans le Seigneur, nous devrions faire la différence entre la vérité et la contrevérité, et suivre la volonté du Saint-Esprit avec maîtrise de soi. Si nous sommes capables d'entendre la voix du Saint-Esprit, nous serons prospères en toutes choses puisque nous avons la maîtrise de soi. Si nous n'avons pas de maîtrise de soi, cependant, les choses peuvent mal se passer et on peut même rencontrer des accidents, des catastrophes naturelles ou provoquées par l'homme, des maladies et d'autres choses du genre.

De même, le fruit de la maîtrise de soi est vraiment important et essentiel pour arriver à la perfection. Si nous portons le fruit de l'amour, nous pouvons aussi porter le fruit de la joie, de la paix, de la patience, de la bonté, de la bénignité, de la fidélité, de la douceur, et ce fruit sera rendu complet grâce à la maîtrise de soi.

La maîtrise de soi peut être comparée à l'anus de notre corps. Bien qu'il soit petit, il joue un rôle très important dans l'organisme. Que se passerait-il s'il perdait la force de se contracter? Les excréments ne seront plus contrôlés et nous serions complètement sales et indécents.

De la même manière, si nous perdons la maîtrise de soi, tout peut devenir sale. Les gens vivent dans la contrevérité parce qu'ils ne peuvent pas se contrôler spirituellement. A cause de cela, ils font face à des épreuves et ne peuvent pas être aimés de Dieu. Si nous ne pouvons pas nous contrôler physiquement, nous allons faire des choses injustes et illégales parce que nous allons manger et nous enivrer autant que nous le voulons et faire un désordre de nos vies.

Jean Baptiste

Un bon exemple de maîtrise de soi parmi les personnages bibliques nous est fourni par Jean Baptiste.

Jean Baptiste savait clairement pourquoi il était sur cette terre. Il savait qu'il devait préparer la voie pour Jésus, la véritable lumière. Donc, jusqu'à ce qu'il ait accompli ce devoir, il a vécu complètement isolé du monde. Il ne s'est armé que de la prière et de la Parole quand il était dans le désert. Il ne mangeait que des sauterelles et du miel sauvage. Il vivait une vie très isolée et strictement maîtrisée. Grâce à ce genre de vie, il a pu être prêt pour préparer la voie du Seigneur et il a rempli parfaitement son rôle.

Dans Matthieu 11:11, Jésus dit de lui: *«Je vous le dis en vérité, parmi ceux qui sont nés de femmes, il n'en a point paru de plus grand que Jean-Baptiste.»*

Si quelqu'un pense: «Oh, je vais maintenant m'éloigner profondément dans la montagne ou dans quelque endroit isolé et vivre une vie de maîtrise de soi!», cela prouve que cette personne n'a pas la maîtrise de soi et interprète la Parole de Dieu à sa propre façon et pense trop.

Il est important de contrôler vos cœurs dans le Saint-Esprit. Si vous n'avez pas encore atteint la sanctification, vous devez contrôler vos désirs charnels et ne suivre que les désirs du Saint-Esprit. Donc, même après que vous soyez devenus accomplis dans l'esprit, vous devez contrôler la force ou la magnitude de chacun des cœurs spirituels afin d'avoir une parfaite harmonie d'ensemble. Cette maîtrise de soi est représentée par la lumière de la chrysoprase.

Hyacinthe: Pureté et sainteté

L'hyacinthe, onzième fondement des murs de la Nouvelle Jérusalem, est une pierre précieuse transparente de couleur bleue et elle symbolise spirituellement la pureté et la sainteté.

Ici, le terme «pureté» fait référence à l'état de n'avoir aucun péché et d'être propre, sans tache et sans défaut. Si une personne prend une douche ou un bain une ou deux fois par jour, peigne ses cheveux et fait des efforts pour bien s'habiller, les gens diront que cette personne est propre et soignée. Dieu dirait-il également que cette personne est propre? Alors, qu'est-ce qu'un homme au cœur pur et comment pouvons-nous développer un tel cœur pur?

Un cœur pur aux yeux de Dieu

Les pharisiens et les scribes se lavaient les mains avant de manger, suivant les traditions des anciens. Et quand les disciples de Jésus ne l'ont pas fait, ils ont posé une question à Jésus pour l'accuser. Dans Matthieu 15:2 il est écrit: «*Pourquoi tes disciples transgressent-ils la tradition des anciens? Car ils ne se lavent pas les mains, quand ils prennent leurs repas.*»

Jésus leur a enseigné ce qu'était vraiment la pureté. Dans Matthieu 15:19-20, Il déclare: «*Car c'est du cœur que viennent les mauvaises pensées, les meurtres, les adultères, les débauches, les vols, les faux témoignages, les calomnies. Voilà les choses qui souillent l'homme; mais manger sans s'être lavé les mains, cela ne souille point l'homme.*»

La pureté selon Dieu consiste à n'avoir aucun péché dans le cœur. Nous pouvons parler de pureté lorsque nous avons un cœur propre, sans fautes ni souillures. Nous pouvons nous laver les mains et le corps avec de l'eau, mais comment purifier notre cœur?

Nous pouvons également le laver avec de l'eau. Nous pouvons le purifier en le lavant avec l'eau spirituelle, soit la Parole de Dieu. Hébreux 10:22 nous invite: «*Approchons-nous donc avec un cœur sincère, dans la plénitude de la foi, les cœurs purifiés d'une mauvaise conscience, et le corps lavé d'une eau pure.*» Nous pouvons avoir des cœurs propres et vrais dans la mesure où nous agissons selon la Parole de Dieu.

Lorsque nous obéissons à tout ce qui dit la Bible par rapport à ce que nous devons garder loin de nous et ne pas faire, nos cœurs seront purifiés de la contrevérité et du mal. Et lorsque nous obéissons à tout ce que la Bible nous commande de faire, nous pourrons éviter d'être à nouveau tachés par le péché et le mal du monde en étant constamment approvisionnés en eau propre. C'est comme cela que nous garderons nos cœurs propres.

Matthieu 5:8 déclare: «*Heureux ceux qui ont le cœur pur, car ils verront Dieu!*» Dieu nous a parlé de la bénédiction que recevront ceux qui ont le cœur. Ils verront Dieu. Ceux qui ont le cœur pur verront Dieu face à face dans le royaume des cieux. Ils peuvent atteindre au moins le troisième royaume des cieux, voire même entrer dans la Nouvelle Jérusalem.

Cependant, le véritable sens de l'expression «voir Dieu» signifie davantage que le fait de physiquement voir Dieu. Cela signifie que nous pouvons toujours rencontrer Dieu et recevoir son aide. Cela signifie que nous pouvons mener une vie caractérisée par le fait de marcher avec Dieu, même ici sur cette terre.

Hénoc est parvenu à la pureté du cœur

Le cinquième chapitre de la Genèse décrit Hénoc qui a développé un cœur pur et a marché avec Dieu sur la terre. Dans Genèse 5:21-24, nous pouvons lire qu'Hénoc a marché avec Dieu trois cents ans à partir du moment où il est devenu le père de Metuschélah alors qu'il avait 65 ans. Puis, comme nous pouvons le lire au verset 24 *«Hénoc marcha avec Dieu; puis il ne fut plus, parce que Dieu le prit»*, il a été emmené au ciel de son vivant.

Hébreux 11:5 nous donne la raison pour laquelle il a pu être accueilli au ciel sans voir la mort: *«C'est par la foi qu'Hénoc fut enlevé pour qu'il ne voie point la mort, et il ne parut plus parce que Dieu l'avait enlevé; car, avant son enlèvement, il avait reçu le témoignage qu'il était agréable à Dieu.»*

Hénoc a été agréable à Dieu car il a développé un cœur pur et exempt de péchés, à un point tel qu'il n'a pas eu à voir la mort. Et, en fin de compte, il a été enlevé au ciel vivant. Il avait 365 ans à l'époque, mais en ce temps-là les gens vivaient habituellement plus de 900 ans. Pour nous aider à comprendre aujourd'hui, nous pouvons dire que Dieu a pris Hénoc lorsqu'il était à l'époque de toute la vigueur de sa jeunesse.

C'est parce qu'Hénoc était tellement agréable aux yeux de Dieu. Plutôt que de le garder sur la terre, Dieu a voulu avoir Hénoc près de lui dans le royaume céleste. Nous pouvons voir clairement combien Dieu aime et se réjouit de ceux qui ont un cœur pur.

Toutefois, même Hénoc n'est pas devenu saint subitement, d'un jour à l'autre. Il a également traversé divers types d'épreuves, et ce jusqu'à ses 65 ans. Dans Genèse 5:19, nous pouvons voir que Jéred, le père d'Hénoc, a donné naissance à des enfants encore 800 ans après la naissance d'Hénoc, ce qui nous aide à comprendre qu'Hénoc avait beaucoup de frères et sœurs.

Dieu m'a révèle dans un temps de prière intense qu'Hénoc n'a eu aucun problème avec aucun de ses frères et sœurs. Il n'a jamais voulu avoir plus que ses frères; il a toujours fait des concessions pour eux. Il n'a jamais voulu être davantage reconnu que ses frères et sœurs, et il n'a toujours fait que de son mieux. Même lorsque certains autres frères étaient plus aimés que lui, cela ne lui a jamais causé le moindre malaise, ce qui signifie qu'il ne ressentait pas du tout de jalousie.

De plus, Hénoc était toujours obéissant. Il écoutait non seulement la Parole de Dieu, mais également la parole de ses parents. Il n'insistait jamais sur son propre avis. Il était dépourvu de tous désirs égocentriques et ne se vexait jamais. Il était en paix avec tout le monde.

Hénoc a développé un cœur pur par lequel il a pu voir Dieu. Lorsque Hénoc avait 65 ans, il a atteint le niveau qui plaît à Dieu et a pu désormais marcher avec Dieu.

Cependant, il y a une raison plus importante au fait qu'il a pu marcher avec Dieu. Il aimait Dieu et aimait beaucoup communiquer avec Dieu. Il est évident qu'il n'a pas fixé ses yeux sur les choses de ce monde et aimait Dieu plus que quoi que ce soit dans ce monde.

Hénoc aimait ses parents et leur obéissait et la paix et l'amour régnaient entre lui et tous ses frères et sœurs, mais c'est Dieu, qu'il aimait le plus. Il aimait être seul et louer Dieu plus que de rester avec les membres de sa famille. Il soupirait après Dieu en regardant le ciel et la nature et appréciait la communion qu'il avait avec Dieu.

Cela était déjà le cas même avant que Dieu ne commence à marcher avec lui, et cela s'est encore amplifié lorsque Dieu a commencé à marcher avec lui. Comme cela est écrit dans Proverbes 8:17: *«J'aime ceux qui m'aiment, et ceux qui me cherchent me trouvent.»* Hénoc adorait Dieu et soupirait tellement après Lui, et Dieu marchait également avec lui.

Plus nous aimons Dieu, plus nos cœurs deviendront purs, et plus nos cœurs sont purs, plus nous aimerons Dieu et le chercherons. Il est facile de parler et partager avec ceux qui ont le cœur pur. Ils acceptent tout simplement et avec pureté et croient les autres.

Qui se sentirait mauvais et froncerait les sourcils en voyant le sourire rayonnant des petits bébés? La plupart des gens se sentent bien et sourient également lorsqu'ils voient des bébés. Cela est dû au fait que la pureté des bébés est contagieuse et rafraîchit également le cœur de ceux qui les rencontrent.

Dieu le Père se sent comme cela également quand Il voit une personne au cœur pur. Il désire donc passer plus de temps avec ce genre de personnes et les avoir avec Lui.

Améthyste : Beauté et douceur

Le douzième et dernier fondement des murs de la Nouvelle Jérusalem est l'améthyste. L'améthyste est transparente et de couleur violette claire. L'améthyste a une couleur si élégante et magnifique qu'elle a été appréciée par les nobles depuis l'antiquité. Dieu considère également le cœur spirituel symbolisé par l'améthyste comme étant magnifique. Le cœur spirituel que représente l'améthyste est la douceur. Cette douceur se retrouve dans le chapitre sur l'amour spirituel, dans les Béatitudes et même dans les neuf fruits du Saint-Esprit. Il s'agit d'un fruit qui se développe certainement chez la personne qui donne naissance à l'esprit par l'Esprit et qui vit de la parole de Dieu.

Le cœur doux que Dieu trouve beau

Le dictionnaire définit la douceur comme étant le caractère de la personne qui est bonne, gentille, humble ; [et] capable d'inspirer le calme. Cependant, la douceur que Dieu estime belle va plus loin que ces traits de caractère.

Ceux qui ont des caractères doux dans la chair se sentent un peu mal à l'aise lorsque des gens ne sont pas doux. Quand ils voient quelqu'un qui est très démonstratif ou de caractère fort, ils deviennent un peu prudents et trouvent même qu'il est difficile d'interagir avec ce genre de personne. Par contre, la personne qui est spirituellement douce peut accepter n'importe quel genre de personne de n'importe quel caractère. Il s'agit là de l'une des différences entre la douceur charnelle et la douceur spirituelle.

Qu'est-ce donc que cette douceur spirituelle, et pourquoi Dieu l'a considère-t-il belle ?

Être spirituellement doux implique d'avoir un caractère léger et chaleureux, avec une largesse de cœur qui accepte tout le monde. La personne qui a un tel cœur est aussi douce et confortable que le coton de sorte que beaucoup de gens peuvent trouver du repos en elle. De plus, il s'agit de quelqu'un qui peut tout comprendre avec bonté et tout accepter et accueillir dans l'amour.

Une chose ne peut manquer pour la douceur spirituelle. Il s'agit du caractère vertueux qui découle du fait d'avoir un cœur large. Si nous ne sommes très chaleureux et doux de cœur qu'au-dedans de nous-mêmes, cela ne veut vraiment rien dire. De temps en temps, lorsque cela s'avère nécessaire, nous devrions être en mesure d'encourager et de donner des conseils à d'autres, et montrer des actes de bonté et d'amour. Avoir un caractère vertueux implique que l'on fortifie les autres et qu'ils ressentent la chaleur et trouvent le repos dans notre cœur.

Une personne spirituellement douce

Ceux qui sont dotés de vraie douceur spirituelle n'ont pas de préjugés par rapport à qui que ce soit. Ils n'ont donc aucune difficulté avec qui que ce soit et ne sont en mauvais termes avec personne. Les autres personnes ressentent également ce cœur chaleureux et elles peuvent se reposer et trouver la paix intérieure alors qu'elles sont accueillies très chaleureusement. Cette douceur spirituelle est comme un grand arbre qui donne beaucoup d'ombre durant une journée chaude d'été.

Si un mari accepte et embrasse tous les membres de sa famille avec un cœur large, sa femme le respectera et l'aimera. Si la femme a également un cœur qui est doux comme le coton, elle pourra donner du réconfort et de la paix à son mari, de sorte qu'ils pourront être un couple heureux. En outre, les enfants qui grandissent dans une telle famille ne s'égareront pas même lorsqu'ils seront confrontés à des difficultés. Car comme ils peuvent être fortifiés par la paix de la famille, ils pourront surmonter les difficultés et grandir dans la droiture et en bonne santé.

De la même manière, les gens qui entourent ceux qui ont cultivé la douceur spirituelle pourront également trouver du repos et se sentir heureux. Alors Dieu le Père dira aussi que ceux qui sont spirituellement doux sont vraiment beaux.

Dans ce monde les gens s'efforcent de diverses manières à gagner le cœur des autres. Parfois, ils fournissent aux autres des choses matérielles ou s'appuient sur leur renommée sociale ou leur autorité. Mais avec ces moyens charnels, nous ne pouvons pas vraiment gagner le cœur des autres. Il se peut qu'ils nous aident pendant un moment en raison de leurs besoins, mais parce qu'ils ne se soumettent pas vraiment du cœur, ils changeront d'attitude lorsque les situations changeront.

Par contre, les gens vont naturellement se rassembler autour d'une personne qui a la douceur spirituelle. Ils se soumettront du cœur et désireront rester avec cette personne. Cela est dû au fait qu'au travers d'une personne dotée de douceur spirituelle, ils peuvent être fortifiés et connaître un réconfort qu'ils ne pouvaient trouver dans le monde. Par conséquent, de nombreuses personnes vont rester avec une personne de douceur spirituelle, et cette personne deviendra l'autorité spirituelle.

Matthieu 5:5 traite de cette bénédiction qui consiste à gagner beaucoup d'âmes en disant que les doux hériteront la terre. Cela signifie qu'ils vont gagner le cœur des hommes de cette terre. En conséquence de quoi, ils recevront également une grande superficie de terres dans le royaume céleste éternel. Parce qu'ils ont accueilli et guidé beaucoup d'âmes vers la vérité, ils recevront beaucoup en récompense.

C'est pourquoi Dieu dit de Moïse dans Nombres 12:3: «*Or, Moïse était un homme fort patient, plus qu'aucun homme sur la face de la terre.*» Moïse a conduit l'Exode. Il a dirigé plus de 2 millions de personnes qu'il a guidées durant 40 ans dans le désert. Selon l'éducation qu'il avait reçue de ses parents, il les a serrés dans son cœur et les a guidés par la volonté de Dieu. Même lorsque leurs enfants commettent de graves péchés, les parents ne les laissent pas tomber. De la même façon, Moïse prenait soin même de ceux qui enfreignaient sans cesse la Loi et les a guidés jusqu'à la fin en demandant à Dieu de leur pardonner.

Lorsque vous aurez ne serait-ce qu'une tâche mineure dans l'église, vous comprendrez à quel point cette douceur fait du bien. Non seulement pour ce qui est des fonctions qui consistent à prendre soin des âmes, mais même pour n'importe quelle obligation, si vous agissez avec douceur, vous n'aurez aucun problème. Il n'existe pas deux personnes qui ont le même cœur et les mêmes pensées. Tout le monde a été élevé dans des circonstances différentes et nous avons tous des caractères différents. Nos pensées et opinions peuvent ne pas s'accorder.
Mais celui qui est doux peut accepter les autres avec un cœur large. La douceur de se dépouiller soi-même pour accepter les autres se détache joliment dans des situations où chacun insiste sur le fait qu'il a raison.

Nous avons étudié tous les cœurs spirituels symbolisés par chacun des douze fondements de la muraille de la ville de la Nouvelle Jérusalem. Il s'agit des cœurs de la foi, de la droiture, du sacrifice, de la justice, de la fidélité, de la passion, de la miséricorde, de la patience, de la bonté, de la maîtrise de soi, de la pureté et de la douceur. Lorsque nous consolidons tous ces caractères, ils forment le cœur de Jésus-Christ et de Dieu le Père. Autrement dit, il s'agit de «l'amour parfait».

Ceux qui ont cultivé l'amour parfait avec une combinaison bonne et équilibrée de chaque caractère des douze joyaux pourront entrer hardiment dans la ville de la Nouvelle Jérusalem. De plus, leurs maisons dans la Nouvelle Jérusalem seront ornées des douze joyaux.

C'est pourquoi, l'intérieur de la ville de la Nouvelle Jérusalem est bien plus beau et captivant que tout ce que nos mots pourraient décrire. Les maisons, les bâtiments et toutes les installations, telles que les parcs, sont décorés de la manière la plus belle possible.

Cependant, ce que Dieu estime être le plus beau de tout, ce sont les gens qui viennent dans la ville. Ils vont donner plus de lumière brillante que la brillance qui se dégage des douze joyaux. Ils répandront également un épais arôme d'amour vers le Père depuis le plus profond de leur cœur. Ainsi, Dieu le Père sera réconforté pour toutes les choses qu'il aura faites.

Chapitre 6

Les Douze Portes en Perles et la Route d'Or

Les douze portes étaient douze perles; chacune des portes était d'une seule perle. La place de la ville était d'or pur, comme du verre transparent.

- Apocalypse 21:21

La ville de la Nouvelle Jérusalem a douze portes, trois respectivement au nord, au sud, à l'est et à l'ouest de ses murs. Un ange gigantesque garde chaque porte et la vue reproduit instantanément, la magnificence et l'autorité de la ville de la Nouvelle Jérusalem. Chaque porte a une forme d'arche, et elle est tellement énorme qu'il nous faut regarder loin au dessus. Chaque porte est faite d'une seule perle gigantesque. Elle s'ouvre des deux côtés et a une petite poignée faite d'or pur et d'autres pierres précieuses. La porte s'ouvre automatiquement sans que personne ne doive l'ouvrir manuellement.

Dieu a fait douze portes avec de merveilleuses perles et des rues pavées d'or pour Ses enfants bien-aimés. Alors combien plus belles et somptueuses encore, doivent être les structures de la ville?

Avant que nous n'entrions dans les bâtiments et sites de la Nouvelle Jérusalem, considérons d'abord pourquoi Dieu a fait les portes de la Nouvelle Jérusalem avec des perles, et quelles autres espèces de rues y a-t-il en plus des rues pavées d'or.

Les Douze Portes en Perles

Apocalypse 21:21 dit, *«Les douze portes étaient douze perles; chacune des portes était d'une seule perle. La place de la ville était d'or pur, comme du verre transparent.»* Pourquoi alors, les douze portes sont-elles faites de perles alors qu'il y a tellement de pierres précieuses dans la Nouvelle Jérusalem? Certains pourraient dire qu'il aurait été mieux de décorer chaque porte avec des joyaux différents puisqu'il y a douze portes, mais Dieu a orné les douze portes uniquement avec une perle.

C'est parce qu'il y a la providence de Dieu et une signification spirituelle contenues dans ce design. Au contraire d'autres joyaux, les perles ont une valeur un peu différente et sont donc considérées comme étant plus précieuses, parce qu'elles sont produites par un processus douloureux.

Pourquoi les douze portes sont-elles faites de perles?

Comment les perles sont-elles produites? La perle est l'un des deux joyaux organiques de la mer, l'autre étant le corail. Elle a été largement appréciée par d'innombrables personnes parce qu'elle donne un beau brillant sans avoir à être polie.

La perle se forme sur le revêtement intérieur de la coquille de l'huître. C'est un amas de décharges brillantes anormales composées principalement de carbonate de calcium, de forme semi-sphérique ou sphérique. Lorsqu'une substance étrangère pénètre la chair tendre du coquillage, le coquillage souffre d'une grande douleur, comme si une aiguille le piquait. Ensuite, le coquillage combat la substance étrangère en endurant une énorme intensité de douleur. Une perle est produite lorsque la décharge du coquillage recouvre la substance étrangère à maintes et maintes reprises.

Il existe deux sortes de perles: les perles naturelles et les perles cultivées. Les êtres humains ont compris le principe pour pouvoir produire des perles. Ils soulèvent de nombreuses coquilles et insèrent des substances artificielles à l'intérieur afin de les forcer à produire les perles. Ces perles sont apparemment naturelles mais relativement moins chères parce qu'elles sont faites de couches plus fines.

Tout comme le coquillage fait une belle perle en traversant une grande douleur pour combattre des substances étrangères, il existe un processus d'endurance pour les enfants de Dieu qui s'efforcent de retrouver l'image de Dieu perdue. Ils peuvent surmonter avec une foi comme de l'or pur grâce à laquelle ils peuvent entrer dans la Nouvelle Jérusalem seulement après avoir enduré des privations et de la douleur en vivant sur cette terre.

Si nous voulons gagner la victoire dans le combat de la foi et passer par les portes de la ville de la Nouvelle Jérusalem, nous devons tous nous fabriquer une perle dans notre cœur. Tout comme l'huître à perle connaît la douleur pour perfectionner la production de nacre et produire une perle, les enfants de Dieu doivent aussi connaître la douleur jusqu'à ce qu'ils retrouvent pleinement l'image de Dieu.

Quand le péché est entré dans le monde, les gens sont devenus de plus en plus entachés de péchés, et ils ont perdu l'image de Dieu. Le mal et la contrevérité ont été plantés dans le cœur des hommes et leurs cœurs sont devenus impurs et malodorants.

Dieu le Père a montré son grand amour même à ces gens qui vivaient avec des cœurs pécheurs dans un monde plein de péchés.

Quiconque croit en Jésus-Christ sera purifié de son péché par le sang de Jésus. Mais le type de vrais enfants que Dieu le Père veut, ce sont des enfants qui ont grandi et mûri. Il veut des enfants qui ne se salissent pas à nouveau après avoir été lavés. Spirituellement, cela signifie qu'ils ne commettent plus de péchés, mais sont agréables à Dieu le Père avec une foi parfaite.

Et pour avoir ce genre de foi parfaite, nous devons d'abord avoir des cœurs vrais. Nous pouvons avoir un cœur vrai lorsque nous extirpons tous péchés et le mal de notre cœur pour le remplir de bonté et d'amour. Plus nous serons remplis de bonté et d'amour, plus nous retrouverons l'image de Dieu.

Dieu le Père permet à ses enfants de traverser un processus de raffinage afin qu'ils puissent développer bonté et amour. Il leur permet de découvrir les péchés et le mal de leurs cœurs grâce à différents types de situations. Lorsque nous devenons conscients de nos péchés et du mal de nos cœurs, nous ressentons une douleur dans nos cœurs. C'est comme lorsqu'un intrus pointu pénètre dans une huître et perce la chair tendre. Mais nous devons reconnaître le fait que nous ressentons de la douleur lorsque nous traversons des épreuves à cause de péchés et du mal qui sont dans notre cœur.

Si nous reconnaissons vraiment ce fait, nous pourrons alors commencer à produire une perle spirituelle dans notre cœur. Nous prierons avec ferveur pour vaincre les péchés et le mal que nous avons découvert. Ensuite, la grâce et la force de Dieu viendront sur nous. De plus, le Saint-Esprit nous aidera. En conséquence de quoi, les péchés et le mal que nous avons découverts seront effacés et nous aurons, à la place, un cœur spirituel.

Les perles sont extrêmement précieuses si l'on considère le processus de leur production. Tout comme ces coquillages doivent subir la douleur et souffrir pour produire les perles, nous devons surmonter et endurer une grande douleur pour atteindre la Nouvelle Jérusalem. Nous ne pourrons entrer par ces portes que lorsque nous aurons gagné la victoire dans la bataille de la foi. Ces portes sont conçues de façon à symboliser ce fait.

Hébreux 12:4 nous dit: *«Vous n'avez pas encore résisté jusqu'au sang, en luttant contre le péché.»* Et la deuxième partie d'Apocalypse 2:10 nous exhorte également: *«Sois fidèle jusqu'à la mort, et je te donnerai la couronne de vie.»*

Comme nous le dit la Bible, nous ne pouvons entrer dans la Nouvelle Jérusalem, le lieu le plus beau du ciel, que lorsque nous résistons au péché, rejetons toutes les sortes de mal, sommes fidèles jusqu'à la mort, et remplissons nos devoirs.

Surmonter les épreuves avec la foi

Nous devons avoir une foi comme de l'or pur pour franchir les douze portes de la Nouvelle Jérusalem. Ce type de foi n'est pas donné simplement; uniquement lorsque nous traversons et triomphons des épreuves de la foi, nous recevons ce type de foi, tout comme un coquillage supporte de grandes souffrances avant de fabriquer une perle. Il n'est cependant pas facile de surmonter avec foi, parce qu'il y a l'ennemi diable et Satan qui essaient de nous empêcher à tout prix d'acquérir la foi.

De plus, jusqu'à ce que nous soyons sur le rocher de la foi, nous pouvons trouver que le chemin vers le ciel est rude et douloureux, parce que nous devons subir d'intenses combats contre l'ennemi diable, dans la mesure où nous avons des contrevérités dans notre cœur.

Nous pouvons cependant triompher, parce que Dieu nous donne Sa grâce et Sa force, et que le Saint-Esprit nous aide et nous guide. Si nous nous tenons sur le rocher de la foi après avoir suivi ces étapes, nous deviendrons capables de surmonter n'importe quelle difficulté en nous réjouissant plutôt qu'en souffrant.

Les moines Bouddhistes frappent leurs corps et les «rendent esclaves» au travers de méditations afin de se débarrasser de toutes les choses mondaines. Certains d'entre eux pratiquent l'ascétisme depuis des décennies, et lorsqu'ils meurent, un objet comme une perle de leurs restes est retrouvé. Cela est formé après des années d'endurance et de maîtrise de soi, de la manière dont les perles sont formées par les coquilles de coquillages.

Combien devons-nous endurer et nous maîtriser devant la douleur si nous devions nous débarrasser des plaisirs mondains et contrôler la convoitise de notre chair avec nos propres forces seulement? Les enfants de Dieu peuvent cependant se débarrasser rapidement des plaisirs mondains avec la grâce et la force de Dieu au milieu des œuvres du Saint-Esprit. Nous pouvons également surmonter toute espèce de difficulté avec l'aide de Dieu, et nous pouvons courir la course spirituelle parce que le ciel est préparé pour nous.

C'est pourquoi, les enfants de Dieu qui ont la foi ne doivent plus endurer ces épreuves dans la douleur, mais ils triomphent avec joie et reconnaissance, en anticipant à l'avance les blessures qu'ils doivent subir.

Les douze portes de perles sont pour les vainqueurs par la foi

Les douze portes de perles servent en tant qu'arches

triomphales pour les vainqueurs par la foi, de la manière dont les commandants victorieux rentraient à la maison après des batailles remportées et passaient sous des monuments honorant leurs hauts faits.

Dans les temps anciens, pour accueillir et honorer des soldats et leurs commandants qui retournaient à la maison dans le triomphe, les gens bâtissaient différents monuments et structures et nommaient chaque site selon les hommes héroïques. Le général triomphant serait honoré et passerait sous une arche ou un pont triomphal, accueilli par une multitude, circulant sur un char envoyé par le roi.

Lorsqu'ils atteignaient la salle de banquet au milieu des chants de triomphe, les ministres qui étaient assis avec le roi et la reine les accueillaient. Le commandant descendait alors du char et se prosternait devant le roi, et le roi le relevait en louant son service distingué. Ensuite, ils buvaient et mangeaient et partageaient la joie de la victoire. Le commandant pouvait être récompensé avec de l'autorité, des richesses et des honneurs comparables à ceux du roi.

Si l'autorité du commandant et de son armée est tellement grande, combien plus grande doit être l'autorité de ceux qui passent par les douze portes de la Nouvelle Jérusalem? Ils doivent être aimés et réconfortés par Dieu le Père et resteront là à jamais dans une gloire qui ne peut pas être comparée à celle du commandant ou de ses soldats qui passent sous une arche triomphale. Lorsqu'ils franchissent les douze portes faites entièrement de perles, on leur rappelle leur cheminement de foi pendant lequel ils se sont battus et ont fait de leur mieux et ils versent des larmes de gratitude qui jaillissent des profondeurs de leurs cœurs.

Grandeur des douze portes de perles

Au ciel, les gens n'oublient jamais rien, même après un temps très long, parce que le ciel est une partie de l'univers spirituel. Au contraire, ils chérissent parfois ces temps en se rappelant le passé. C'est pourquoi, ceux qui entrent dans la Nouvelle Jérusalem sont submergés chaque fois qu'ils regardent les douze portes de perles, en pensant, 'J'ai vaincu de nombreuses épreuves et je suis finalement arrivé à la Nouvelle Jérusalem!' Ils se réjouissent en se souvenant du fait qu'ils ont combattu et finalement vaincu l'ennemi diable et le monde, et ont chassé toute et chaque contrevérité en eux. Ils rendent à nouveau grâce à Dieu le Père, en se souvenant de Son amour qui les a conduit à vaincre le monde. Ils remercient aussi ceux qui les ont aidé jusqu'à ce qu'ils gagnent cette place.

Dans ce monde, le degré de gratitude diminue parfois ou disparaît complètement, mais étant donné qu'il n'y pas de manque de sincérité au ciel, la gratitude, la joie et l'amour grandissent de plus en plus tandis que le temps s'écoule. C'est pourquoi, chaque fois que les résidents de la Nouvelle Jérusalem regardent les portes de perles, ils sont reconnaissants pour l'amour de Dieu et pour ceux qui les ont aidé à y arriver.

Je suis fermement reconnaissant à ceux qui m'ont prêché l'évangile et à ceux qui m'ont montré de la grâce. Je suis ce que je suis aujourd'hui à cause d'eux, c'est pourquoi je ne me contente pas de les remercier une seule fois et aller de l'avant; je leur serai plus reconnaissant chaque jour qui passe.

Des Rues Faites d'Or Pur

Comme les gens se souviennent de leur vie sur la terre et passent les magnifiques arches des portes de perles, ils entrent finalement dans la Nouvelle Jérusalem. La ville est remplie de la lumière de la Gloire de Dieu, du bruit éloigné et pacifique de la louange des anges, et des savoureux arômes des fleurs. A chaque pas qu'ils font dans la ville, ils ressentent un bonheur et un ravissement inexprimables.

Les murs ornés de douze joyaux et les magnifiques portes de perles ont déjà été décrits. De quoi alors, sont faites les rues de la Nouvelle Jérusalem? Comme Apocalypse 21:21 nous le dit, *«La rue centrale de la ville était d'or pur, comme du verre transparent.»* Dieu a fait les rues de la Nouvelle Jérusalem en or pur pour Ses enfants qui entreront dans la ville.

Jésus-Christ, le Chemin

Dans ce monde, il y a plusieurs sortes de routes, depuis un sentier silencieux jusqu'aux autoroutes. En fonction de la destination et des besoins, les hommes prennent différents chemins. Pour aller au ciel cependant, il n'y a qu'un seul chemin: Jésus-Christ.

Je suis le chemin, la vérité et la vie. Nul ne vient au Père si ce n'est par Moi. (Jean 14:6).

Jésus le Fils unique de Dieu a ouvert le chemin du salut en étant crucifié à la place de tous les hommes, qui devaient mourir éternellement à cause de leurs péchés, et en ressuscitant le troisième jour. Lorsque nous croyons en Jésus-Christ, nous sommes qualifiés pour recevoir la vie éternelle. C'est pourquoi, Jésus-Christ est le seul chemin vers la vie éternelle. De plus, accepter Jésus-Christ et ressembler à Sa nature sont le chemin vers la vie éternelle.

Des rues d'or

De chaque côté du Fleuve d'Eau de la Vie il y a des rues qui permettent à tous de trouver facilement le trône de Dieu dans le ciel sans limites. Le Fleuve d'Eau de la Vie provient du trône de Dieu et de l'Agneau, traverse la ville de la Nouvelle Jérusalem et toutes les régions du ciel, et retourne vers le trône de Dieu.

Et il me montra le fleuve d'eau de la vie, limpide comme du cristal, qui sortait du trône de Dieu et de l'Agneau. Au milieu de la place de la ville et sur les deux bords du fleuve, il y avait un arbre de vie. (Apocalypse 22:1-2).

Spirituellement, «l'eau» symbolise la Parole de Dieu, et parce que nous obtenons la vie au travers de Sa Parole, et nous allons sur le chemin de la vie éternelle au travers de Jésus-Christ, l'Eau de la Vie jaillit du trône de Dieu et de l'Agneau.

De plus, comme le Fleuve d'Eau de la Vie encercle le ciel, nous pouvons facilement atteindre la Nouvelle Jérusalem uniquement en suivant les rues d'or de chaque côté du fleuve.

La signification des rues d'or

Les rues d'or ne sont pas uniquement placées dans la Nouvelle Jérusalem, mais aussi dans tous les endroits du ciel. Cependant, tout comme l'éclat, les matériaux et la beauté diffèrent d'un endroit du ciel à un autre, l'éclat des rues d'or diffère aussi selon chaque endroit.

L'or pur du ciel, contrairement à l'or trouvé dans ce monde, n'est pas tendre mais dur. Cependant, lorsque nous marchons sur ces rues d'or, elles ont l'air douces. De plus, au ciel il n'y a pas de poussière, ni de saletés, et comme rien ne passe, les rues d'or ne sont jamais endommagées. De chaque côté des rues fleurissent de belles fleurs et elles saluent les enfants de Dieu qui marchent dans les rues.

Quelles sont alors, la signification et la raison pour faire des rues d'or pur ? C'est pour nous rappeler que plus les cœurs sont purs, les meilleurs seront les lieux de séjour au ciel. De plus, parce que nous ne pouvons entrer dans la Nouvelle Jérusalem que si nous progressons vers la ville avec espérance et foi, Dieu a fait les rues en or pur, qui représente la foi spirituelle et l'espoir fervent né de cette foi.

Des rues fleuries

Tout comme il y a des différences à marcher sur des pelouses fraîchement tondues, des rochers, des routes pavées, et ainsi de suite, il y a une différence entre marcher sur les rues d'or et les rues fleuries. Il y a aussi d'autres routes faites de pierres précieuses, et il y a une différence de bonheur ressenti en les arpentant. Nous notons aussi la différence de confort parmi divers moyens de transport tels que l'avion, le train ou le bus et c'est pareil dans le ciel. Marcher sur les routes par nous-mêmes est totalement différent que d'être transporté automatiquement par la puissance de Dieu.

Les routes fleuries au ciel n'ont pas des fleurs de chaque côté de la route, parce que les routes elles mêmes sont faites de fleurs de sorte que les gens peuvent marcher sur les fleurs. Cela semble doux et moelleux, comme de marcher pieds nus sur un épais tapis. Les fleurs ne sont pas endommagées ni flétries parce que nos corps sont des corps spirituels qui sont très légers et les fleurs ne sont pas écrasées.

De plus, les fleurs célestes se réjouissent et donnent toutes leurs senteurs lorsque les enfants de Dieu marchent sur elles. Ainsi, lorsqu'ils marchent sur les routes de fleurs, les parfums sont absorbés par leurs corps afin que leurs cœurs soient réjouis, rafraîchis et heureux.

Les routes de joyaux

Les routes sont faites de joyaux avec toutes sortes de brillantes couleurs et remplies de belles lumières, et ce qui est plus intéressant, elles resplendissent de plus belles lumières lorsque des corps spirituels marchent sur elles. Même les joyaux rendent des senteurs, et le bonheur et la joie qui sont ressentis sont au-delà de la compréhension. Nous pouvons également ressentir un peu d'excitation en marchant sur les routes de joyaux parce que cela semble marcher sur de l'eau. Cela ne veut cependant pas dire que nous allons ressentir comme si nous coulions ou nous enfoncions dans l'eau, mais au contraire, ressentions de l'extase à chaque pas, avec un peu de tension.

Nous ne pouvons cependant trouver des routes de pierres précieuses que dans certains endroits dans le ciel. En d'autres termes, ils sont récompensés dans et autour de la maison de ceux qui ressemblent au cœur du Seigneur et qui ont grandement contribué à l'accomplissement de la providence de Dieu pour la culture humaine. C'est comme la manière où un petit passage de la maison ou du palais d'un roi est décoré d'élégants motifs faits de matériaux de la plus grande qualité.

Les gens ne se fatiguent pas ni se s'ennuient de rien au ciel, mais ils aiment toutes choses éternellement parce que c'est le monde spirituel. Ils ressentent aussi plus de joie et de bonheur parce que mêmes les plus petits objets sont revêtus de signification spirituelle, et l'amour et l'admiration des gens grandissent simultanément.

Combien la Nouvelle Jérusalem est belle et merveilleuse! Elle est préparée par Dieu pour Ses enfants bien-aimés. Même les gens dans le Paradis, les Premier, Second et Troisième royaumes du Ciel se réjouissent grandement et deviennent reconnaissants lorsqu'ils franchissent les portes de perles avec une invitation pour la Nouvelle Jérusalem.

Pouvez-vous imaginer combien les enfants de Dieu seront plus reconnaissants et joyeux du fait qu'ils sont arrivés à la Nouvelle Jérusalem après avoir fidèlement suivi le Seigneur, le vrai chemin?

Trois clés pour entrer dans la Nouvelle Jérusalem

La Nouvelle Jérusalem est une ville en forme de cube dont la largeur, la longueur et la hauteur sont toutes de 2400 km. La muraille de la ville a un total de douze portes et de douze fondements. La muraille de la ville, les douze portes et les douze fondements ont des significations spirituelles. Si nous comprenons ces significations et les appliquons dans nos cœurs, nous pourrons avoir les qualifications spirituelles pour entrer dans la Nouvelle Jérusalem. En ce sens, ces significations spirituelles sont les clés qui permettent d'entrer dans la ville de la

LE CIEL II

Nouvelle Jérusalem.

La première clé pour entrer dans la Nouvelle Jérusalem est cachée dans la muraille de la ville. Comme cela est écrit dans Apocalypse 21:18: *«La muraille était construite en jaspe, et la ville était d'or pur, semblable à du verre pur»*, la muraille de la ville est faite de jaspe, qui symbolise spirituellement la foi qui plaît à Dieu.

La foi est l'élément le plus fondamental et essentiel de la vie chrétienne. Sans la foi nous ne pouvons ni être sauvés, ni plaire à Dieu. Pour entrer dans la Nouvelle Jérusalem, et donc avoir la foi qui est agréable à Dieu, nous devons avoir le cinquième niveau de foi, qui est le niveau de foi le plus élevé. Par conséquent, la première clé est le cinquième niveau de foi: la foi pour être agréable à Dieu.

La deuxième clé se trouve dans les douze fondements. Le lien qui solidifie les cœurs spirituels représentés par les douze fondements est l'amour parfait, et cet amour parfait est la deuxième clé de la Nouvelle Jérusalem.

Les douze fondements sont faits de douze différents joyaux. Chacun des bijoux des douze fondements symbolise un type spécifique de cœur spirituel. Il s'agit des cœurs de la foi, de la droiture, du sacrifice, de la justice, de la fidélité, de la passion, de la miséricorde, de la patience, de la bonté, de la maîtrise de soi, de la pureté et de la douceur. Lorsque nous consolidons tous ces traits de caractères, ils forment le cœur de Jésus-Christ et de Dieu le Père. En résumé, la deuxième clé pour entrer dans la Nouvelle Jérusalem est l'amour parfait.

La troisième clé cachée dans la ville de Jérusalem est

constituée des douze portes de perles. Au travers de ces perles, Dieu veut nous faire comprendre comment nous pouvons entrer dans la Nouvelle Jérusalem. La perle est faite très différemment des autres joyaux. L'or, l'argent et les pierres précieuses qui composent les 12 fondements proviennent tous de la terre. Mais seule la perle est faite par un être vivant.

La plupart des perles sont produites par des huîtres à perles. L'huître à perle traverse la douleur et perfectionne la nacre pour faire une perle. De la même façon, les enfants de Dieu doivent aussi endurer des souffrances jusqu'à ce qu'ils retrouvent pleinement l'image de Dieu.

Dieu le Père veut gagner ces enfants qui ne se salissent pas eux-mêmes à nouveau après avoir été lavés par le sang de Jésus-Christ, mais qui sont agréables à Dieu le Père avec une foi parfaite. Pour posséder cette foi parfaite, nous devons avoir un cœur vrai. Nous pouvons avoir un cœur vrai lorsque nous extirpons tous péchés et le mal de notre cœur pour le remplir de bonté et d'amour.

C'est pourquoi Dieu nous permet de traverser les épreuves de la foi jusqu'à ce que nous ayons un cœur vrai et une foi parfaite. Il nous permet de découvrir les péchés et le mal de nos cœurs grâce à différents types de situations. Lorsque nous devenons conscients de nos péchés et du mal de nos cœurs, nous ressentons une douleur dans nos cœurs. C'est comme lorsqu'un intrus pointu pénètre dans une huître et perce la chair tendre. De la même façon que la perle à huître couvre les intrus indésirables avec des couches après couches de nacre, ce qui ajoute de l'épaisseur une couche à la fois, lorsque nous traversons des épreuves de foi, la nacre de notre cœur deviendra plus épaisse. Tout comme l'huître à perle produit une perle, nous les croyants devons également produire une perle spirituelle pour entrer dans la Nouvelle Jérusalem. C'est la troisième clé pour entrer dans la

LE CIEL II

Nouvelle Jérusalem.

Je voudrais que vous puissiez comprendre les significations spirituelles cachées dans le mur de la ville de la Nouvelle Jérusalem, les douze portes du mur et les douze fondements, et posséder les trois clés pour entrer dans la Nouvelle Jérusalem en ayant les qualifications spirituelles nécessaires.

Chapitre 7

Le Charmant Spectacle

Je ne vis point de temple dans la ville, car le Seigneur Dieu tout-puissant est son temple, ainsi que l'Agneau. La ville n'a besoin ni du soleil, ni de la lune pour l'éclairer; car la gloire de Dieu l'éclaire et l'Agneau est son flambeau. Les nations marcheront à sa lumière, et les rois de la terre y apporteront leur gloire. Ses portes ne se fermeront point le jour, car là, il n'y aura point de nuit. On y apportera la gloire et l'honneur des nations. Il n'entrera chez elle rien de souillé, ni personne qui se livre à l'abomination et au mensonge, il n'entrera que ceux qui sont inscrits dans le livre de vie de l'Agneau.

- Apocalypse 21:22-27

L'apôtre Jean, à qui le Saint-Esprit a montré la Nouvelle Jérusalem, a relaté la vision de la ville en détails en l'observant d'un endroit élevé. Jean avait longtemps souhaité voir l'intérieur de la Nouvelle Jérusalem, et lorsque enfin, il a vu l'intérieur de la ville dont la vue était si merveilleuse, il s'est mis dans un état d'extase.

Si nous avons les qualifications pour entrer dans la Nouvelle Jérusalem, et nous tenons devant la porte, nous serons capables de voir l'arche de la porte de perle ouverte, qui elle-même est trop grande pour que nous puissions en voir le bout. A ce moment, l'inexprimable beauté des lumières de la ville de la Nouvelle Jérusalem arrive et enrobe nos corps. Nous ressentons le grand amour de Dieu en un instant et nous ne pouvons pas retenir des larmes qui jaillissent.

Ressentir le débordant amour de Dieu le Père qui nous a protégé de Ses yeux flamboyants, la grâce du Seigneur qui nous a pardonné par Son sang à la croix, et l'amour du Saint-Esprit qui abonde dans notre cœur et qui nous a conduit à vivre dans la vérité, nous donnons une infinie gloire et honneur.

Examinons maintenant les détails de la ville de la Nouvelle Jérusalem, en nous basant sur le rapport de l'apôtre Jean.

Pas Besoin de l'Eclat du Soleil ni de la Lune

L'apôtre Jean, regardant la scène de l'intérieur de la Nouvelle Jérusalem qui était remplie de la gloire de Dieu, a confessé ce qui suit:

> *La ville n'a besoin ni du soleil, ni de la lune pour l'éclairer, car la gloire de Dieu l'éclaire et l'Agneau est son flambeau. (Apocalypse 21:23).*

La Nouvelle Jérusalem est remplie de la gloire de Dieu puisque Dieu Lui-même y demeure et gouverne la ville, et c'est le sommet du monde spirituel où Dieu s'est divisé Lui-même dans la Trinité pour la culture humaine.

La gloire de Dieu brille dans la Nouvelle Jérusalem

La raison pour laquelle Dieu a placé le soleil et la lune pour cette terre est afin que nous reconnaissions le bien du mal, et que nous puissions discerner l'esprit de la chair au travers de la lumière et des ténèbres, de sorte que nous puissions vivre en véritables enfants de Dieu. Il sait tout de la chair et de l'esprit et le bien et le mal, mais les êtres humains ne peuvent pas réaliser ces choses sans la culture humaine parce qu'ils ne sont que de simples créatures.

Lorsque le premier homme Adam était dans le Jardin d'Eden, avant le commencement de la culture humaine, il n'aurait jamais pu connaître le mal, la mort, les ténèbres, la pauvreté ou la maladie. C'est pourquoi il n'a pas pu réaliser le véritable sens et le bonheur de la vie ni être reconnaissant à Dieu qui lui a tout donné, malgré que sa vie soit aussi abondante.

Afin que cet Adam connaisse le vrai bonheur, il devait partager des larmes, se lamenter, souffrir la douleur et la maladie et expérimenter la mort, et c'est cela le processus de la culture humaine. Référez vous au *Message de la Croix* pour plus de détails.

Finalement, Adam a commis le péché de désobéissance en mangeant du fruit de l'arbre de la connaissance du bien et du mal, a été chassé vers cette terre et a commencé à expérimenter la relativité. Ce n'est qu'après cela qu'il a été capable de réaliser combien abondante, heureuse et belle était sa vie dans le Jardin d'Eden, et de rendre grâce à Dieu dans son cœur vrai.

Ses descendants sont aussi arrivés à distinguer la lumière des ténèbres, l'esprit de la chair et le bien du mal au travers de la culture humaine, en expérimentant toutes espèces d'épreuves. C'est pourquoi, dès que nous recevons le salut et allons au ciel, la lumière du soleil et de la lune qui était nécessaire pour la culture humaine, n'est plus nécessaire.

Puisque Dieu Lui-même réside dans la ville de la Nouvelle

Jérusalem, il n'y a pas du tout de ténèbres. De plus, la lumière de la gloire de Dieu resplendit le plus dans la Nouvelle Jérusalem ; et naturellement, la ville n'a pas besoin de soleil ni de lune, ni de quelconques lampes ou lumières pour l'éclairer.

L'Agneau qui est la lampe de la Nouvelle Jérusalem

Jean n'a pas pu trouver quelque chose qui donne de la lumière comme le soleil ou la lune, ni aucune espèce de lampe. C'est parce que Jésus-Christ qui est l'Agneau, devient la lampe dans la ville de la Nouvelle Jérusalem.

Jean 1:3 dit, «*Tout a été fait par elle, et rien de ce qui a été fait n'a été fait sans elle.*» Dans Jean 15:5, nous lisons, «*Moi Je suis le cep et vous êtes les sarments. Celui qui demeure en Moi comme Moi en lui, porte beaucoup de fruit, car sans Moi, vous ne pouvez rien faire.*» Nous devons réaliser que par Jésus-Christ, toutes choses ont été créées, la culture humaine a commencé sur la terre et le chemin du salut de l'humanité a été ouvert.

Depuis que le premier homme Adam a commis le péché de désobéissance, la race humaine a dû tomber sur le chemin de la mort (Romains 6:23). Le Dieu d'amour a envoyé Jésus sur cette terre pour résoudre le problème du péché. Jésus, le Fils de Dieu qui est venu dans la chair sur cette terre, a lavé nos péchés en versant Son sang, et est devenu le premier fruit de la résurrection en brisant la puissance de la mort.

Par conséquent, tous ceux qui acceptent Jésus-Christ comme leur Saveur personnel reçoivent la vie et peuvent participer à la résurrection, jouir de la vie éternelle dans le ciel et recevoir les réponses à tout ce qu'ils demandent sur la terre. De plus, les enfants de Dieu peuvent maintenant devenir la lumière du monde en vivant eux-mêmes dans la lumière, et en donnant gloire à Dieu au travers de Jésus-Christ. En d'autres termes, de la même manière qu'une lampe peut rendre la lumière, la lumière de la gloire de Dieu brille plus fort au travers du Sauveur Jésus.

Le Ravissement de la Nouvelle Jérusalem

Lorsque nous regardons de loin dans la ville de la Nouvelle Jérusalem, nous pouvons voir de merveilleux bâtiments faits de plusieurs sortes de pierres précieuses et d'or au milieu des nuées de gloire. La ville entière semble être vivante avec un mélange de toutes espèces de lumières: la lumière provenant des maisons faites de pierres précieuses; la lumière de la gloire de Dieu; et la lumière provenant des murs faits de jaspe et d'or pur avec des couleurs claires et brillantes.

Comment pouvons-nous exprimer avec des mots l'émotion et l'excitation d'entrer dans la Nouvelle Jérusalem? La ville est tellement merveilleuse, magnifique et extatique, au-delà de toute imagination. Au centre de la ville, il y a le trône de Dieu, l'origine du Fleuve d'Eau de la Vie. Autour du trône de Dieu, il y a les maisons d'Elie, Hénoc, Abraham et Moïse, Marie de Magdala et la vierge Marie, tous ceux qui ont été beaucoup, beaucoup aimés par Dieu.

Le château du Seigneur

Le château du Seigneur est situé à la droite et en dessous du trône de Dieu, où Dieu se tient pour des cultes d'adoration ou des banquets dans la ville de la Nouvelle Jérusalem. Dans le château du Seigneur, il y a un immense bâtiment avec un toit d'or au centre, et autour de celui-ci sont éparpillés sans fin toutes sortes de bâtiments. Il y a particulièrement beaucoup de croix de gloire, entourées de brillantes lumières, au-dessus des toits en forme de dômes. Elles nous rappellent le fait que nous avons reçu le salut et sommes arrivés au ciel parce que Jésus a porté la croix.

Le grand bâtiment au centre est une structure en forme de cylindre, mais étant donné qu'il est décoré avec de nombreux joyaux délicatement ouvragés, de merveilleuses lumières jaillissent de chaque joyau et se mélangent pour former les couleurs de l'arc-en-ciel. Si nous devions comparer le château du Seigneur avec n'importe quel bâtiment fait par les hommes sur la terre, il ressemble le plus à la cathédrale Sainte Basile à Moscou, en Russie. Cependant, le style, les matériaux et la taille ne peuvent pas être comparés avec le plus magnifique bâtiment jamais dessiné ou construit sur cette terre.

En dehors de ce bâtiment au centre, il y a de nombreux bâtiments dans le château du Seigneur. Dieu le Père a pourvu Lui-même à ces bâtiments afin que ceux qui ont une proche relation en esprit puissent demeurer avec leurs bien-aimés. En face du château du Seigneur, sont alignées les maisons des douze disciples. Devant, il y a les maisons de Pierre, Jean et Jacques, et les maisons des autres disciples sont derrière. Ce qui est spécial est qu'il y a une place pour Marie de Magdala et pour la vierge Marie dans le château du Seigneur. Bien sûr, ces endroits sont pour un séjour temporaire, lorsqu'elles sont invitées par le Seigneur, et leurs endroits de séjour ressemblant à des châteaux se trouvent près du trône de Dieu.

Le château du Saint-Esprit

À la gauche et en dessous du trône de Dieu se trouve le château du Saint-Esprit. Ce château gigantesque représente les caractéristiques de douceur et de tendresse, maternelles du Saint-Esprit, avec de nombreux bâtiments de différentes tailles, harmonieusement dessinés en forme de dômes.

Le toit du plus grand bâtiment au centre du château est comme une grande pièce de sardoine, qui représente la passion. Autour de ce bâtiment, coule le Fleuve d'Eau de la Vie qui provient du trône de Dieu et le château du Seigneur.

Tous les châteaux de la Nouvelle Jérusalem sont tellement énormes et magnifiques, au-delà de toute mesure, mais les châteaux du Seigneur et du Saint-Esprit sont plus particulièrement magnifiques et merveilleux. Leur taille est plus proche de celle d'une ville que de celle d'un château, et ils sont construits dans un style très particulier. Ceci est parce que, contrairement à d'autres maisons, qui ont été construites par les anges, ils ont été construits par Dieu le Père Lui-même. De plus, comme pour le château du Seigneur, les maisons de ceux qui ont été unis avec le Saint-Esprit et ont accompli le royaume de Dieu dans le domaine du Saint-Esprit, sont construites merveilleusement autour du château du Saint-Esprit.

Un pont de nuée de gloire et un lieu de réunion

Entre le château du Seigneur et celui du Saint-Esprit, il y a un pont en forme d'arche fait de splendides et brillants nuages pour réunir les deux châteaux. Au milieu du pont, il y a un lieu de réunion où le Seigneur et le Saint-Esprit peuvent se rencontrer et converser.

Même les résidents de la Nouvelle Jérusalem ne peuvent aller à cet endroit parce qu'il est spécialement réservé pour le Seigneur et le Saint-Esprit. Parfois le Seigneur arrive le premier et attend le Saint-Esprit, et parfois le Saint-Esprit arrive plus tôt pour attendre le Seigneur. Ici, ils ont des conversations amicales comme des frères autour d'une table de joyaux en dessous d'un parasol aux couleurs de l'arc-en-ciel. Tout en regardant le Fleuve d'Eau de la Vie qui coule sous le pont de nuages, ils partagent leurs cœurs, confessions et autres sujets qu'ils ne pouvaient pas discuter pendant qu'ils exerçaient le Ministère sur la terre. Ils n'ont pas seulement des conversations amicales, mais ils ressentent et partagent profondément l'amour du Père.

Le Grand Sanctuaire dans la Nouvelle Jérusalem

Il y a de nombreux bâtiments en construction autour du temple du Saint-Esprit, et il y a particulièrement un grand et magnifique bâtiment. Il a un toit rond et douze grands piliers, et il y a douze grandes portes entre les piliers. C'est le Grand Sanctuaire fait selon la ville de la Nouvelle Jérusalem.

Cependant, Jean, dans Apocalypse 21:22 dit, *«Je ne vis point de temple dans la ville, car le Seigneur tout-puissant est son temple, ainsi que l'Agneau.»* Pourquoi Jean n'a-t-il pas pu voir de temple? Les gens croient habituellement que Dieu a besoin d'un endroit pour demeurer: p.e. un temple de la manière dont nous avons besoin d'un endroit pour demeurer. C'est pourquoi, sur cette terre, nous l'adorons dans des sanctuaires dans lesquels la Parole de Dieu est prêchée.

Comme il est déclaré dans Jean 1:1, *«Au commencement était la Parole, et la Parole était avec Dieu, et la Parole était Dieu,»* là où est la Parole, Dieu se trouve; où que ce soit où la Parole est prêchée se trouve le sanctuaire. Dieu Lui-même demeure cependant dans la ville de la Nouvelle Jérusalem. Dieu qui est la Parole même et Jésus qui est un avec Dieu, demeurent dans la ville de la Nouvelle Jérusalem, et ainsi aucun autre temple n'est nécessaire. Dieu nous fait donc savoir au travers de l'apôtre Jean qu'aucun temple n'est nécessaire et que Dieu et le Seigneur sont le temple dans la Nouvelle Jérusalem.

Alors, nous pouvons nous demander pourquoi un Grand Sanctuaire qui n'existait pas au temps de l'apôtre Jean doit-il encore être construit aujourd'hui ? Comme nous le trouvons dans Actes 17:24, *« Le Dieu qui a fait le monde et tout ce qui s'y trouve, Lui qui est le Seigneur du ciel et de la terre, n'habite pas dans des temples faits par la main des hommes. »* Dieu ne réside pas dans un temple particulier. Aussi, comme nous le trouvons dans Psaumes 103:19, *« L'Eternel a établi Son trône dans les cieux, et Son règne domine sur toutes choses. »* Le trône de Dieu est au ciel.

De la même manière, malgré que le trône de Dieu soit au ciel, Il veut toujours construire le Grand Sanctuaire qui représente Sa gloire; le Grand Sanctuaire devient la preuve solide en exposant la puissance et la gloire de Dieu partout dans le monde.

Aujourd'hui, il y a de nombreux grands et magnifiques bâtiments sur cette terre. Les gens investissent de grosses sommes d'argent et construisent de belles structures pour leur propre gloire et selon leurs propres désirs, mais personne ne le fait pour Dieu, qui est vraiment digne d'être glorifié. C'est pourquoi, Dieu veut construire le beau et magnifique Grand Sanctuaire au travers de Ses enfants qui ont reçu le Saint-Esprit et sont devenus sanctifiés. Lui ensuite, veut être glorifié par les gens de toutes nations au travers de cela (1 Chroniques 22:6-16).

De même, lorsque le merveilleux Grand Sanctuaire sera bâti de la manière dont Dieu le veut, les gens de toutes les nations glorifieront Dieu et se prépareront comme des épouses du Seigneur pour le recevoir. C'est pourquoi Dieu a préparé le Grand Sanctuaire comme centre de l'évangélisation pour conduire d'innombrables âmes sur le chemin du salut, et les emmener vers la Nouvelle Jérusalem à la fin des temps. Si nous réalisons cette providence de Dieu, construisons le Grand Sanctuaire et donnons gloire à Dieu, Il nous récompensera selon nos œuvres et construira le Grand Sanctuaire dans la ville de la Nouvelle Jérusalem.

Donc, en regardant le Grand Sanctuaire fait de joyaux et d'or qui ne peuvent être comparés à aucuns matériaux terrestres, ceux qui entrent dans le ciel seront toujours reconnaissants pour l'amour de Dieu qui nous a conduits sur le chemin de la gloire et des bénédictions au travers de la culture humaine.

Des maisons célestes décorées avec des joyaux et de l'or

Autour du château du Saint-Esprit, il y a des maisons décorées avec toutes sortes de pierres précieuses, et il y a aussi de nombreuses maisons qui sont toujours en construction. Nous pouvons voir beaucoup d'anges au travail, plaçant de beaux joyaux ici et là ou nettoyant le site des maisons. De cette manière, Dieu donne des récompenses selon les œuvres de chacun et le met dans sa maison.

Dieu m'a un jour montré les maisons de deux très fidèles ouvriers de cette église. L'un d'entre eux a été la source d'une grande force pour l'église en priant jour et nuit pour le royaume de Dieu et sa maison est construite avec l'arôme de la prière et de la persévérance et elle est décorée dans l'entrée avec de brillants joyaux.

En outre, pour accommoder ses douces caractéristiques, il y a une table dans un coin du jardin où elle peut partager le thé avec ses biens-aimés. Il y a différentes espèces de petites fleurs de diverses couleurs sur la pelouse du jardin. Ceci ne décrit que l'entrée et le jardin de la maison de cette personne. Pouvez-vous imaginer combien magnifique doit être l'intérieur de la maison principale ?

L'autre maison que le Seigneur m'a montrée appartient à une ouvrière qui s'est dévouée pour la littérature d'évangélisation sur cette terre. J'ai pu voir une pièce parmi de nombreuses dans le bâtiment principal. Il y a un bureau, une chaise et un chandelier qui sont tous faits d'or, et beaucoup de livres dans la pièce. Ceci est pour la récompenser et en souvenir du travail de glorification de Dieu au travers de la littérature d'évangélisation, et parce que Dieu sait qu'elle aime beaucoup lire.

De la même manière, Dieu ne prépare pas uniquement nos maisons célestes, mais il nous donne aussi des objets tellement beaux que nous ne pouvons pas imaginer, de manière à nous récompenser d'avoir délaissé et abandonné nos plaisirs mondains sur cette terre pour nous consacrer entièrement à l'accomplissement du royaume de Dieu.

Pour Toujours avec le Seigneur, Notre Epoux

Dans la ville de la Nouvelle Jérusalem, beaucoup de sortes de banquets, y compris ceux tenus par Dieu le Père, ont continuellement lieu. C'est parce que ceux qui vivent dans la Nouvelle Jérusalem peuvent inviter des frères et des sœurs qui vivent dans d'autres endroits du ciel.

Combien cela serait glorieux et heureux si nous pouvions vivre dans la Nouvelle Jérusalem et être invités par le Seigneur pour partager l'amour avec Lui et assister à de plaisants banquets.

Chaleureux accueil dans le château du Seigneur

Quand les gens de la Nouvelle Jérusalem sont invités par le Seigneur leur époux, ils se préparent comme de belles épouses et se réunissent dans le château du Seigneur avec des cœurs joyeux. Lorsque ces épouses du Seigneur arrivent au château, deux anges les accueillent poliment de chaque côté de l'éclatante porte principale. A cet instant, le parfum des murs décorés de nombreux joyaux et fleurs entoure leurs corps et rajoute à leur joie.

En entrant par la porte principale, le bruit d'une louange qui touche le plus profond de l'esprit est entendu. Alors, en entendant ce bruit, cette paix et ce bonheur, cette gratitude pour l'amour de Dieu inonde leurs cœurs, parce qu'ils savent que c'est Lui qui les a conduits ici.

Tandis qu'ils avancent sur la route d'or aussi claire que du verre pour atteindre le bâtiment principal, ils sont escortés par des anges et passent par de nombreux bâtiments et jardins. Jusqu'à ce qu'ils atteignent le bâtiment principal, leurs cœurs battent dans l'espoir de rencontrer le Seigneur. En s'approchant du bâtiment principal, ils peuvent maintenant voir le Seigneur Lui-même qui les attend pour les accueillir. Des larmes brouillent leur vue, mais ils courent vers le Seigneur avec l'ardent désir de le voir même une seule seconde plus tôt. Le Seigneur les attend, les bras grands ouverts, et avec un visage rempli d'amour et de douceur. Il embrasse chacun d'eux.

Le Seigneur leur dit, «Venez, Mes belles épouses! Vous êtes particulièrement bienvenues!» Ceux qui sont invités manifestent leur amour dans Son sein en disant, «Je suis reconnaissant du plus profond de mon cœur de m'avoir invité!» Ensuite ils se promènent çà et là, main dans la main avec le Seigneur comme des couples profondément amoureux et ils ont de belles conversations qu'ils souhaitaient avoir depuis leur temps sur la terre. A la droite du bâtiment principal, il y a un grand lac, et le Seigneur explique en détails Ses sentiments et les circonstances du temps de Son ministère sur la terre.

Près du lac qui rappelle la Mer de Galilée

Pourquoi ce lac leur rappelle-t-il la Mer de Galilée ? Dieu a fait ce lac en souvenir parce que le Seigneur a commencé et a exercé une grande partie de Son ministère autour de la Mer de Galilée (Matthieu 4:23). Esaïe 8:23 dit, *«Mais les ténèbres ne régneront pas toujours sur la terre où il y a maintenant des angoisses: si un premier temps a rendu négligeables, le pays de Zabulon et le pays de Nephtali, le temps à venir donnera de la gloire à la Galilée des Gentils sur la route de la mer au-delà du Jourdain.»* Il a été prophétisé que le Seigneur commencerait Son ministère à la Mer de Galilée et cette prophétie a été accomplie.

Beaucoup de poissons qui donnent diverses couleurs de lumière nagent dans ce grand lac. Dans Jean 21, le Seigneur ressuscité apparaît à Pierre, qui n'avait pas attrapé de poissons, et lui dit, *«Jette ton filet du côté droit de la barque, et tu trouveras,»* et lorsque Pierre a obéi, il a pris 153 poissons. Dans le lac du château du Seigneur, il y a aussi 153 poissons, et cela est aussi en souvenir du ministère du Seigneur. Lorsque ces poissons sautent en l'air et font des cabrioles adorables, leurs couleurs changent de différentes manières et rajoutent au plaisir des invités.

Le Seigneur se promène sur ce lac, tout comme Il l'avait fait sur la Mer de Galilée sur cette terre. Alors, ceux qui avaient été invités se tiendraient autour du lac avec joie, attendant que le Seigneur parle. Il explique dans le détail la situation dans laquelle il a marché sur la Mer de Galilée sur cette terre. Alors, Pierre qui a pu marcher pendant un moment sur l'eau sur cette terre en obéissant à la Parole du Seigneur, se sentirait désolé d'avoir coulé dans l'eau à cause de son peu de foi (Matthieu 14:28-32).

Un musée honorant le ministère du Seigneur

En visitant divers endroits avec le Seigneur, les gens pensent au temps de leur culture sur la terre et sont enveloppés par l'amour du Père et du Seigneur qui ont préparé le ciel. Ils arrivent à un musée à la gauche du bâtiment principal dans le château du Seigneur. Dieu le Père l'a construit Lui-même en souvenir du ministère du Seigneur sur la terre de sorte que les gens puissent le voir et le ressentir avec réalisme. Par exemple, l'endroit où le Seigneur a été jugé par Ponce Pilate et la Voie Douloureuse où il a porté la croix vers Golgotha sont reproduits de la même manière. Lorsque les gens voient ces endroits, le Seigneur explique ces situations dans le détail.

Il y a peu de temps, sous l'inspiration du Saint-Esprit, j'ai appris à connaître ce que le Seigneur avait confessé à ce moment, et je voudrais en partager quelque chose avec vous. C'est une confession du cœur du Seigneur qui est venu sur cette terre après avoir abandonné toute le gloire du ciel, et qu'il a faite pendant qu'Il escaladait le Golgotha avec la croix.

Père, Mon Père!
Mon Père qui est parfait dans la lumière,
Tu aimes vraiment tout!

La terre que J'ai foulée la première fois avec Toi,
Et les gens depuis qu'ils ont été créés,
Se sont maintenant tellement corrompus…
Maintenant Je réalise
Pourquoi Tu M'as envoyé ici,
Pourquoi Tu m'as fais souffrir ces épreuves
Venant du cœur corrompu des gens
Et pourquoi Tu M'as fais descendre ici
De l'endroit glorieux du ciel!
Tout cela afin que Je puisse ressentir et réaliser
Toutes ces choses dans les profondeurs de Mon cœur.

Mais Père!
Je sais que Tu vas restaurer toutes choses
Dans Ta justice et Tes secrets cachés.
Père! Toutes ces choses sont temporaires.
Mais à cause de la gloire que Tu vas Me donner
Et les sentiers de lumière que Tu ouvres pour ces gens,
Père, Je prends cette croix avec espoir et joie.

Père, Je suis capable d'emprunter ce chemin
Parce que je crois que Tu vas ouvrir ce chemin
Et illuminer avec Ta permission et dans Ton amour,
Et Tu feras briller Ton Fils avec les belles lumières
Lorsque toutes ces choses seront passées
dans quelques instants.

Père! Le pays que j'avais l'habitude de fouler est fait d'or
Les routes sur lesquelles Je marchais étaient aussi d'or,
Les parfums des fleurs que J'avais l'habitude de humer
Ne peuvent pas être comparés à ceux de cette terre,

LE CIEL II

Les matériaux et les vêtements
que J'avais l'habitude de porter
Sont tellement différents de ceux-ci,
Et l'endroit où J'avais l'habitude de vivre est
Un endroit tellement glorieux.
Et je voudrais que ces gens
Puissent connaître cet endroit beau et pacifique.

Père, Je réalise chaque part de Ta providence.
Pourquoi Tu m'as divisé,
pourquoi Tu M'as donné cette tâche,
Et pourquoi Tu M'as laissé descendre ici
Pour marcher sur la terre corrompue,
Et pour lire les pensées des gens corrompus.
Je Te loue, Père pour Ton amour, Ta grandeur,
Et toutes ces choses qui sont sans défaut.

Mon cher Père!
Les gens croient que Je ne Me défends pas,
Que je déclare être le roi des Juifs
Mais Père,
Comment peuvent-ils saisir les souvenirs
Qui jaillissent de Mon cœur,
L'amour pour le Père qui coule de Mon cœur,
L'amour pour ces gens qui coule de Mon cœur?

Père, beaucoup de gens réaliseront et comprendront
Les choses qui doivent se dérouler plus tard
Au travers du Saint-Esprit
Que Tu vas leur donner en tant que don
Après que Je serai parti.

A cause de cette douleur temporaire,
Père, ne verse pas de larmes
Et ne détourne pas Ta face de Moi.
Ne laisse pas Ton cœur se remplir de douleur,
Père!

Père, Je T'aime!
Jusqu'à ce que Je sois crucifié,
Que J'aie versé Mon sang et rendu Mon dernier soupir,
Père, je pense à toutes ces choses
Et aux cœurs de ces gens.

Père, n'aie pas de regrets
Mais sois glorifié au travers de Ton Fils
Et la providence et tous les plans du Père
Seront entièrement accomplis à jamais.

Jésus explique ce qui passait dans Sa pensée pendant qu'Il était sur la croix: la gloire du ciel; Lui-même se tenant devant le Père; les gens; la raison pour laquelle le Père a dû Lui donner cette tâche, et ainsi de suite.

Ceux qui sont invités au château du Seigneur versent des larmes pendant qu'ils entendent cela et ils rendent gloire au Seigneur avec des larmes pour avoir porté la croix à leur place et ils confessent des profondeurs de leurs cœurs, «Mon Seigneur, Tu es mon vrai Sauveur!»

En souvenir des épreuves du Seigneur, Dieu a fait de nombreuses routes en joyaux dans le château du Seigneur. Lorsque quelqu'un marche sur les routes construites et ornées de nombreux joyaux de différentes couleurs, la lumière devient plus éclatante et il semble marcher sur l'eau. De plus, en souvenir d'avoir été pendu sur la croix pour avoir racheté les êtres humains de leurs péchés, le Père a construit là une croix de bois couverte de sang. Il y a aussi une étable de Bethléem dans laquelle le Seigneur est né, et il y a de nombreuses choses à voir afin de ressentir la réalité du ministère du Seigneur. Lorsque les gens visitent ces sites, ils peuvent ressentir plus profondément l'amour du Seigneur et du Père et leur donner éternellement gloire et reconnaissance.

La Gloire des Résidents de la Nouvelle Jérusalem

La Nouvelle Jérusalem est le plus bel endroit dans le ciel donné en récompense à ceux qui ont accompli la sanctification dans leurs cœurs et ont été fidèles dans toute la maison de Dieu. Apocalypse 21:24-26 nous dit quel type de personnes recevra la gloire d'entrer dans la Nouvelle Jérusalem:

> *Les nations marcheront à sa lumière, et les rois de la terre y apporteront leur gloire. Ses portes ne se fermeront point pendant le jour, car là, il n'y aura pas de nuit. On y apportera la gloire et l'honneur des nations.*

Les nations marchent par sa lumière

Ici, «nations» se réfère à tous les gens qui sont sauvés, sans tenir compte de leur passé ethnique. Bien que la citoyenneté, la race et les autres attributs des gens sont différents de l'un à l'autre, une fois qu'ils sont sauvés par Jésus-Christ, ils deviennent tous les enfants de Dieu avec la citoyenneté du royaume des cieux.

C'est pourquoi, la phrase «les nations marcheront à sa lumière» signifie que tous les enfants de Dieu marcheront dans la lumière de la gloire de Dieu. Cependant, tous les enfants de Dieu n'auront pas la gloire de venir librement dans la ville de la Nouvelle Jérusalem. C'est parce que ceux qui résident dans le Paradis, le Premier, le Second ou le Troisième Royaumes du ciel ne peuvent venir à la Nouvelle Jérusalem que sur invitation. Seuls ceux qui ont été totalement sanctifiés et qui ont été fidèles dans toute la maison de Dieu peuvent avoir l'honneur de voir Dieu le Père face à face éternellement dans la Nouvelle Jérusalem.

Les rois de la terre apporteront leur gloire

La phrase «les rois de la terre» se réfère à ceux qui avaient l'habitude d'être des leaders spirituels sur cette terre. Ils brillent comme les douze joyaux des douze fondements des murs de la Nouvelle Jérusalem et ils ont les qualifications pour demeurer perpétuellement dans la ville. De même, ceux qui sont reconnus par Dieu, lorsqu'ils se tiendront devant Lui, apporteront des offrandes qu'ils ont préparées de tout leur cœur. Par «offrandes», je veux dire tout ce avec quoi ils ont rendu gloire à Dieu de tout leur cœur qui est pur et clair comme le cristal.

C'est pourquoi, «les rois de la terre lui apporteront leur gloire», signifie qu'ils vont préparer en tant qu'offrandes, toutes les choses qu'ils ont faites avec ferveur pour le royaume de Dieu et Lui rendront gloire, et ils entreront dans la Nouvelle Jérusalem avec elles.

Les rois de la terre font des présents aux rois de plus grandes ou fortes nations de manière à les flatter, mais l'offrande à Dieu est faite avec la reconnaissance pour les avoir conduits sur le chemin du salut et de la vie éternelle. Dieu reçoit cette offrande avec joie et les récompense avec l'honneur de demeurer à toujours dans la ville de la Nouvelle Jérusalem.

Dans la Nouvelle Jérusalem, il n'y a aucunes ténèbres, parce que Dieu, qui Lui-même est lumière y demeure. Étant donné qu'il y a pas de nuit, de mal, de mort ni de voleurs, il n'est pas nécessaire de fermer les portes de la Nouvelle Jérusalem. La raison cependant pour laquelle la Parole dit «jour» est parce que nous n'avons qu'une connaissance et une capacité limitées pour entièrement comprendre le ciel.

Apporter la gloire et l'honneur des nations

Alors, que signifie la phrase «ils y apporteront la gloire et l'honneur des nations»? «Ils» ici, se réfère à tous ceux de toutes les nations de la terre qui ont reçu le salut et «ils y apporteront la gloire et l'honneur des nations» signifie que ces gens viendront dans la Nouvelle Jérusalem avec les choses avec lesquelles ils ont rendu gloire à Dieu, en rendant le parfum de Jésus-Christ sur cette terre.

Lorsqu'un enfant étudie fort et qu'il fait de bons points, il va se vanter devant ses parents. Les parents se réjouiront de lui parce qu'ils seront fiers du dur labeur de leur enfant, même s'il n'a pas obtenu les meilleurs résultats. De la même manière, dans la mesure où nous agissons avec foi pour le royaume de Dieu sur cette terre, nous exhalons le parfum de Jésus-Christ et nous donnons gloire à Dieu et Il reçoit cela avec joie.

Il est mentionné plus haut que «les rois de la terre y apporteront leur gloire», et la raison pour laquelle il est écrit «rois de la terre», est d'abord, pour montrer la hiérarchie suivant laquelle les gens vont paraître devant Dieu.

Ceux qui sont qualifiés pour demeurer éternellement dans la Nouvelle Jérusalem avec une gloire comme le soleil viendront les premiers devant Dieu, suivis par ceux de toutes les nations qui sont sauvés, selon leur gloire respective. Nous devons réaliser que si nous n'avons pas les qualifications pour vivre éternellement dans la Nouvelle Jérusalem, nous pourrons la visiter occasionnellement.

Ceux qui ne pourront jamais entrer dans la Nouvelle Jérusalem

Le Dieu d'amour veut que tous reçoivent le salut et Il récompense chacun avec un lieu de résidence et des récompenses célestes selon leurs œuvres. C'est pourquoi, ceux qui n'ont pas les qualifications pour entrer dans la Nouvelle Jérusalem entreront dans le Troisième, le Second ou le Premier Royaume du ciel ou dans le Paradis selon la mesure de leur foi. Dieu tient des banquets spéciaux et Il les invite dans la Nouvelle Jérusalem afin qu'eux aussi puissent se réjouir de la magnificence de la ville.

Il n'entrera chez elle rien de souillé, ni personne qui se livre à l'abomination et au mensonge, il n'entrera que ceux qui sont inscrits dans le livre de vie de l'Agneau. (Apocalypse 21:27).

« Souillé » se réfère ici à juger et condamner les autres, et à se plaindre en recherchant ses propres intérêts et profits. Ce type de personnes assume le rôle d'un juge et condamne les autres selon son bon vouloir, au lieu de les comprendre. « Abomination » se réfère à toutes les œuvres venant d'un cœur abominable ou plein de duplicité. Etant donné que de telles personnes ont des cœurs et des pensées capricieux et versatiles, elles ne sont reconnaissantes que lorsqu'elles reçoivent des réponses à leurs prières, mais elles se lamentent et se plaignent rapidement lorsqu'elles font face à des épreuves. De même, ceux qui ont des cœurs honteux trompent leur conscience et n'hésitent pas à changer d'avis à la recherche de leurs propres intérêts.

Une personne «de mensonge» est quelqu'un qui se trompe lui-même ainsi que sa conscience, et nous devons savoir que ce genre de duplicité devient un piège de Satan. Il y a certains menteurs qui mentent régulièrement et d'autres qui disent des mensonges pour le bien des autres, mais Dieu nous demande de rejeter toute espèce de mensonge. Il y a certaines personnes qui font du tort aux autres en donnant de faux témoignages, et ce type de personnes qui blesse les autres avec de mauvaises intentions ne sera pas sauvé. De plus, ceux qui trompent le Saint-Esprit ou dans l'oeuvre de Dieu sont aussi qualifiés «de mensonge». Judas Iscariot, l'un des douze disciples de Jésus était en charge de l'argent et il a continué à tricher dans l'œuvre de Dieu en volant dans le trésor et en commettant d'autres péchés. Lorsque Satan est finalement entré en lui, il a vendu Jésus pour trente pièces d'argent et il fut éternellement damné.

Il y a certaines personnes qui voient des malades guéris et des démons chassés par le Saint-Esprit dans la puissance de Dieu, mais ils continuent à décrier ces œuvres et au contraire, disent que ces œuvres viennent de Satan. Ces gens ne peuvent pas entrer dans le ciel parce qu'ils blasphèment et parlent contre le Saint-Esprit. Nous ne devrions jamais prononcer de mensonges en n'importe quelles circonstances aux yeux de Dieu.

Effacé du Livre de Vie

Lorsque nous sommes sauvés par la foi, nos noms sont inscrits dans le Livre de Vie de l'Agneau (Apocalypse 3:5). Cela ne veut cependant pas dire que toute personne qui a accepté Jésus sera sauvée. Nous ne pouvons en fait, être sauvés que lorsque nous agissons en conformité avec la Parole de Dieu et ressemblons au cœur du Seigneur en circoncisant nos cœurs. Si nous agissons encore dans la contrevérité même après avoir accepté Jésus-Christ, nos noms seront effacés du Livre de Vie et à la fin, nous ne recevrons pas le salut.

A propos de ceci, Apocalypse 22:14-15 nous dit que bénis sont ceux qui lavent leurs robes et ceux qui ne lavent pas leurs robes ne seront pas sauvés:

> *Heureux ceux qui lavent leurs robes, afin d'avoir droit à l'arbre de vie, et d'entrer par les portes dans la ville! Dehors les chiens, les magiciens, les débauchés, les meurtriers, les idolâtres et quiconque aime et pratique le mensonge!*

«Chiens» ici, se réfère à ceux qui font le mal encore et encore. Ceux qui ne se détournent pas de leurs mauvaises œuvres mais qui continuent à faire le mal ne peuvent jamais être sauvés. Ils sont comme un chien qui retourne à son vomi et une truie qui après avoir été lavée retourne se vautrer dans la boue. C'est parce qu'ils semblent avoir rejeté leur mal, mais renouvellent leurs œuvres du mal et semblent être améliorés mais, ils retournent vers le mal.

Dieu reconnaît cependant la foi de ceux qui luttent pour faire le bien, même s'ils ne peuvent pas entièrement agir selon la Parole de Dieu. Ils seront éventuellement sauvés parce qu'ils changent encore et Dieu considère leurs efforts comme de la foi.

« Ceux qui pratiquent la magie » sont ceux qui agissent dans l'abomination, et ils poussent les autres à adorer les faux dieux. Cela est vraiment de l'abomination devant Dieu.

Quiconque « débauché » commet l'adultère même s'il/elle a une femme ou un mari. Il n'y a pas uniquement l'adultère physique, mais aussi l'adultère spirituel, qui est d'aimer quoi que ce soit plus que Dieu. Si une personne a vraiment expérimenté le Dieu vivant et a réalisé Son amour, continue à aimer d'autres choses mondaines comme l'argent ou sa famille plus qu'elle n'aime Dieu, la personne commet l'adultère spirituel et ce n'est pas juste devant Dieu.

Les « meurtriers » commettent des meurtres physiques et spirituels. Si vous connaissez la signification spirituelle de « meurtre » vous ne serez probablement pas capable de dire avec assurance que vous n'avez tué personne. Un meurtre spirituel est de pousser les enfants de Dieu à pécher et à perdre leur vie spirituelle (Matthieu 18:7). Si vous faites mal aux autres avec quoi que ce soit qui soit contraire à la vérité, c'est aussi un meurtre spirituel (Matthieu 5:21-22).

C'est aussi un meurtre spirituel que de haïr, envier et être jaloux, juger, condamner, argumenter, se fâcher, tricher, mentir, avoir des dissensions ou des sectes, calomnier, et être sans amour ni miséricorde (Galates 5:19-21). Parfois cependant il y a des gens qui trébuchent par leur propre mal. Par exemple, s'ils quittent Dieu parce qu'ils sont déçus par quelqu'un dans l'église, c'est leur propre mal. S'ils avaient vraiment cru en Dieu, ils n'auraient jamais trébuché.

« L'adoration des idoles » est aussi quelque chose que Dieu hait le plus. Dans l'idolâtrie, il y a l'idolâtrie physique et l'idolâtrie spirituelle. L'idolâtrie physique est de fabriquer un dieu informe en tant qu'image et l'adorer (Esaïe 46:6-7).

L'idolâtrie spirituelle est tout ce que vous aimez plus que Dieu. Si quelqu'un aime son épouse ou son mari ou ses enfants plus qu'il n'aime Dieu pour poursuivre leurs propres désirs, ou désobéit aux commandements de Dieu en aimant l'argent, la gloire ou la connaissance plus qu'il n'aime Dieu, c'est de l'idolâtrie spirituelle.

Ces genres de personnes, peu importe combien ils peuvent appeler «Seigneur, Seigneur» et aller à l'église, ils ne peuvent être sauvés ni entrer dans le ciel parce qu'ils n'aiment pas Dieu.

C'est pourquoi, si vous avez accepté Jésus-Christ, reçu le Saint-Esprit en tant que don de Dieu, et que votre nom est inscrit dans le Livre de Vie de l'Agneau, je vous prie de garder en mémoire que vous ne pouvez entrer au ciel et avancer vers la Nouvelle Jérusalem, que si vous agissez en accord avec la Parole de Dieu.

La Nouvelle Jérusalem est l'endroit où ne peuvent entrer que ceux qui sont complètement sanctifiés dans leurs cœurs et entièrement fidèles dans toute la maison de Dieu.

D'une part, ceux qui entrent dans la Nouvelle Jérusalem peuvent rencontrer Dieu face à face, avoir de merveilleux entretiens avec le Seigneur, et prendre plaisir dans un inimaginable honneur et gloire. D'autre part ceux qui restent au Paradis, dans les Premier, Second ou Troisième Royaumes du Ciel, ne peuvent visiter la Nouvelle Jérusalem que s'ils sont invités à des banquets spéciaux comprenant ceux qui sont tenus par Dieu le Père.

Je prie au nom du Seigneur que vous puissiez devenir les vrais enfants de Dieu qui combattent le bon combat contre le péché et le mal au point de verser le sang, accomplissent la

LE CIEL II

sanctification dans leurs cœurs et sont fidèles dans toute la maison de Dieu de sorte qu'ils puissent demeurer à jamais dans la Nouvelle Jérusalem.

Chapitre 8

«J'ai Vu la Ville Sainte, la Nouvelle Jérusalem»

Heureux serez vous quand on vous insultera, qu'on vous persécutera et qu'on répandra sur vous toutes sorte de mal à cause de Moi. Réjouissez vous et soyez dans l'allégresse, parce que votre récompense sera grande dans les cieux, car c'est ainsi qu'on a persécuté les prophètes qui vous ont précédés.

- Matthieu 5:11-12

Dans la ville de la Nouvelle Jérusalem, les maisons célestes sont construites afin que les gens dont les cœurs ressemblent au cœur de Dieu y vivent plus tard. Selon le goût de chaque propriétaire, elles sont bâties par des archanges et des anges en charge de la construction, avec le Seigneur en tant que superviseur. Ceci est un privilège uniquement pour ceux qui entrent dans la Nouvelle Jérusalem. Parfois Dieu Lui-même donne un ordre à un archange pour construire une maison spécifiquement pour une certaine personne, de sorte qu'elle puisse être construite entièrement selon le goût du propriétaire. Il n'oublie même pas une seule larme que ses enfants ont versée pour Son royaume et Il les remercie avec de belles et précieuses pierres.

Comme nous le trouvons dans Matthieu 11:12, Dieu nous dit

clairement que dans la mesure où nous remportons des batailles spirituelles et que nous mûrissons dans la foi, nous pouvons posséder une plus belle place dans le ciel :

> *Depuis les jours de Jean Baptiste jusqu'à présent, le royaume des cieux est forcé ,et ce sont les violents qui s'en s'emparent .*

Le Dieu d'amour, pendant de nombreuses années, nous a conduits à avancer de force vers le ciel, en montrant clairement les maisons de la Nouvelle Jérusalem. Parce que le temps est court pour que le Seigneur qui est parti pour nous préparer une place revienne.

J'espère que vous réaliserez l'amour de Dieu qui vous récompense sensiblement et délicatement selon vos œuvres, regardant aux maisons célestes qui ont la touche de Dieu Lui-même.

Des Maisons Célestes de Tailles Inimaginables

Dans la Nouvelle Jérusalem, il y a de nombreuses magnifiques maisons de tailles inimaginables. Parmi elles il y a une maison belle et magnifique construite sur un grand terrain. Au centre, il y a un grand et beau château rond de trois étages, et autour du château il y a de nombreux bâtiments et des stands que l'on trouve dans les fêtes foraines pour faire un endroit qui ressemble à un parc d'attractions. Ce qui est réellement surprenant est que cette maison qui ressemble à une ville appartient à une personne qui a été cultivée sur cette terre.

Bénis sont les débonnaires, car ils hériteront la terre

Si nous avons des capacités financières sur cette terre, nous pouvons acheter un grand terrain et construire une belle maison de la manière dont nous le voulons. Mais dans le ciel nous ne pouvons pas acheter de terre ni bâtir de maison, peu importe la prospérité que nous possédons, parce que Dieu nous récompense avec de la terre et une maison selon nos œuvres.

Matthieu 5:5 dit, *«heureux les débonnaires, car ils hériteront la terre.»* En fonction de la mesure où nous ressemblons au Seigneur et accomplissons la douceur spirituelle sur cette terre, nous pouvons «hériter la terre» dans le ciel. C'est parce que quelqu'un qui est spirituellement doux peut embrasser tous les gens, et ils peuvent venir à lui pour trouver le repos et le réconfort. Il serait en paix avec tous dans toutes les situations parce que son cœur est tendre et gentil comme du duvet.

Cependant, si nous faisons des compromis avec le monde et nous opposons à la vérité de manière à être en paix avec les autres, ce n'est pas du tout la douceur spirituelle. Celui qui est vraiment doux n'est pas seulement capable d'embrasser beaucoup de gens avec un cœur tendre et chaud, mais il est aussi brave et fort assez pour risquer sa vie même pour la vérité.

Ce type de personne peut gagner le cœur de beaucoup de gens et les conduire sur le chemin du salut et dans un meilleur endroit dans le ciel parce qu'il a de l'amour et de la gentillesse. C'est pourquoi il peut posséder une grande maison dans le ciel. C'est pourquoi, la maison décrite plus loin appartient à une personne vraiment douce.

Une maison comme une ville

Au centre de cette maison il y a un grand château décoré de nombreux joyaux et d'or. Son toit est fait d'une sardoine de forme arrondie et brille très fortement. Autour du château brillant et resplendissant, coule le Fleuve d'Eau de la Vie qui provient du trône de Dieu, et de nombreux bâtiments rendent cette vue comme une métropole. Il y a aussi des circuits d'amusement décorés de nombreux joyaux et d'or.

D'un côté du spacieux terrain il y a des forêts, une plaine et un grand lac, et de l'autre côté, il y a de vastes collines avec de nombreuses variétés de fleurs et des chutes d'eau. Il y a aussi une grande mer sur laquelle un grand bateau, comme le Titanic navigue.

Faisons maintenant le tour de cette splendide maison. Il y a douze portes aux quatre côtés, et allons vers la porte principale de laquelle on peut voir le château principal au centre.

Cette porte principale est décorée de nombreux joyaux et gardée par deux anges. Ils sont masculins et paraissent très forts. Ils se tiennent sans cligner des yeux, et leur apparente dignité les fait paraître inapprochables.

De chaque côté de la porte il y a de beaux et grands piliers. Les murs décorés de nombreux joyaux et de fleurs semblent sans fin. En entrant par la porte qui s'ouvre automatiquement, conduit par des anges, vous pouvez voir de loin le grand château avec le toit rouge qui brille de mille feux vers vous.

Regardant aussi à de nombreuses maisons de différentes tailles, décorées de nombreux joyaux, vous ne pouvez pas vous empêcher d'être profondément émus par l'amour de Dieu qui récompense 30, 60 ou 100 fois ce que vous avez fait et offert. Vous êtes reconnaissants parce qu'Il a donné Son Fils unique pour vous conduire sur le chemin du salut et de la vie éternelle. De plus, Il a aussi préparé pour vous de si belles maisons célestes, et votre cœur débordera de joie et de reconnaissance.

Également, parce qu'un doux, clair et beau son de louange

peut être entendu autour du château, une paix et un bonheur inexprimables envahissent votre esprit et vous serez remplis d'émotion:

> Loin dans les profondeurs de mon esprit ce soir
> S'égraine une mélodie plus douce qu'un psaume;
> Comme une tension céleste, elle coule sans cesse
> Sur mon âme comme un calme infini
> Paix! Paix! Merveilleuse paix
> Venant d'en haut, du Père
> Coule sur mon esprit à jamais, je prie,
> Dans des tourbillons d'amour.

Des routes d'or aussi claires que du cristal

Allons maintenant vers le grand château au centre, marchant sur la route d'or. En entrant par l'entrée principale, des arbres d'or et de joyaux avec d'appétissants fruits de joyaux accueillent les visiteurs de chaque côté de la route. Les visiteurs prennent alors un fruit. Les fruits fondent dans la bouche et sont si délicieux que le corps entier se sent joyeux et énergisé.

De chaque côté de la route d'or, des fleurs multicolores et de tailles différentes accueillent et saluent les visiteurs par leurs parfums. Derrière elles, il y a une pelouse d'or et de nombreuses espèces d'arbres qui forment un merveilleux jardin. Des fleurs aux belles couleurs multicolores de l'arc-en-ciel semblent refléter la lumière, et chaque fleur donne son parfum unique. Sur certaines de ces fleurs, des insectes comme des papillons aux couleurs de l'arc-en-ciel sont assis et conversent. Sur les arbres, il y a de nombreux fruits appétissants parmi les branches et feuilles resplendissantes. De nombreuses espèces d'oiseaux avec des plumes de couleur dorée sont assis sur les arbres et chantent pour rendre la scène tellement heureuse et pacifique. Il y a aussi certains animaux qui se promènent pacifiquement.

Une automobile de nuages et un wagon d'or

Maintenant vous vous tenez à la deuxième porte. La maison est tellement grande qu'il y a une seconde porte après la porte principale. Devant vos yeux s'étale un vaste espace qui ressemble à un garage dans lequel de nombreuses voitures nuages sont garées, et vous êtes submergés par cette scène incroyable.

Le wagon d'or, décoré avec de gros diamants et des joyaux est pour le propriétaire de la maison et a une place. Lorsque le wagon bouge, il brille comme une étoile filante à cause de beaucoup de joyaux resplendissants, et sa vitesse est de loin supérieure à celle d'une automobile nuage.

Une automobile nuage est entourée de nuages d'un blanc pur et de belles lumières de diverses couleurs, et elle a quatre roues et quatre ailes. Le véhicule roule sur ses roues sur le sol, et lorsqu'il vole, les roues se rétractent automatiquement et les ailes se déploient de sorte qu'il peut librement rouler ou voler.

Combien grands sont l'autorité et l'honneur de pouvoir voyager dans les nombreux endroits du ciel avec le Seigneur dans ces automobiles nuages, escorté par les armées célestes et les anges ? Si une automobile nuage est donnée à chaque personne qui entre dans la Nouvelle Jérusalem, vous pouvez vous imaginer comment le propriétaire de cette maison a été récompensé étant donné qu'il y a de nombreuses voitures nuages dans ce garage.

Un grand château dans le centre

Lorsque vous arrivez à un grand et magnifique château en voiture nuages, vous pouvez voir un immeuble de trois étages avec un toit de sardoine. Ce bâtiment est tellement énorme qu'il ne peut être comparé à aucun bâtiment sur cette terre. Il apparaît que tout le château tourne doucement, resplendissant de belles lumières, et ces lumières brillantes font paraître que le château est vivant. De l'or pur et du jaspe rendent de claires, brillantes et transparentes lumières de couleur bleutée. Vous ne pouvez pas voir au travers, et cela ressemble à une sculpture sans joints. Les murs et les fleurs autour de ces murs rendent des parfums merveilleux pour rajouter à un bonheur et à une joie indescriptibles par des mots. Des fleurs de différentes tailles remplissent le paysage et leurs tailles et essences différentes forment une excellente combinaison.

Quelle est donc la raison spécifique pour laquelle Dieu a pourvu à un si grand terrain et une si grande maison ? C'est parce que Dieu ne passe et n'oublie jamais rien de ce que Ses enfants ont travaillé pour Son royaume et sa justice sur cette terre et il les en récompense abondamment.

Je me réjouis encore et encore en Mes bien-aimés.
Celui-ci m'a tellement aimé
Qu'il a tout donné
Il m'a aimé plus que ses parents et frères
Il n'a pas épargné ses propres enfants
Et il a considéré sa femme comme sans valeur
Et il a tout donné pour Moi
Ses yeux étaient toujours fixés sur Moi
Il écoutait entièrement Ma Parole
Il ne recherchait que Ma gloire
Il était aussi reconnaissant

Même lorsqu'il traversait d'injustes souffrances.
Même au milieu des persécutions
Il priait en amour pour ceux qui le persécutaient
Il n'a jamais abandonné personne
Malgré qu'ils l'aient trahi
Il a accompli sa tâche avec joie
Malgré qu'il ait des regrets insupportables.
Et il a sauvé de nombreuses âmes
Et accompli pleinement Ma volonté,
En portant mon cœur.

Parce qu'Il a accompli Ma volonté
Et m'a tant aimé
J'ai préparé pour lui
Cette grande et splendide maison
dans la Nouvelle Jérusalem.

Un Magnifique Château avec une Complète Intimité

Comme vous pouvez le voir, il y a une touche divine particulière dans les maisons de ceux qui sont grandement aimés de Lui. Ces maisons ont donc des niveaux différents de beauté et de lumière de gloire que les autres maisons même à l'intérieur de la Nouvelle Jérusalem.

Un grand château au centre constitue un lieu dont son propriétaire peut jouir d'une complète intimité. Il s'agit de compenser ses œuvres et ses prières en larmes pour l'accomplissement du royaume de Dieu et le fait qu'il ait pris soin des âmes jour et nuit sans pouvoir profiter d'aucune vie privée.

«J'ai Vu la Ville Sainte, la Nouvelle Jérusalem»

La structure générale de son château se compose d'une maison principale au centre, et le château possède deux rangées de murailles. Il y a une muraille supplémentaire dans la partie du milieu entre la maison principale au centre et le mur extérieur. Ainsi donc, le château se divise en château intérieur et château extérieur, qui vont de la maison principale à la muraille centrale et de la muraille centrale à la muraille extérieure respectivement.

Donc, pour arriver à la maison principale de ce château, il faut emprunter la porte principale, puis une autre porte supplémentaire se trouve dans la muraille centrale. Sur le mur extérieur se trouvent de nombreuses portes et la porte qui est en ligne avec l'avant de la maison principale est la porte principale. La porte principale est ornée de diverses pierres précieuses et deux anges la gardent. Ces deux anges ont des visages masculins et semblent très forts. Ils ne bougent même pas leurs yeux lorsqu'ils montent la garde et nous pouvons ressentir la dignité qui émane d'eux.

De chaque côté de la porte principale se trouvent de gros piliers cylindriques. Les murs sont décorés de bijoux et de fleurs et ils sont tellement longs qu'on ne sait pas en voir la fin. Guidés par les anges, nous entrons par la porte principale qui s'ouvre automatiquement, et des lumières étincelantes et magnifiques brillent sur nous. Une route en or qui ressemble à du cristal s'étend directement vers la porte principale.

En suivant cette route dorée, nous arrivons à la deuxième porte. Cette porte est située au milieu de mur qui sépare le château intérieur du château extérieur. Lorsque nous empruntons cette seconde porte, nous trouvons un lieu qui ressemble à l'un de ces parkings géants que nous avons sur terre. Là, de nombreuses automobiles ressemblant à des nuages sont parquées. Nous trouvons là également le char d'or parmi les automobiles-nuages.

La maison principale de ce château est plus grande que tout bâtiment sur terre. Il s'agit d'un édifice de trois étages. Chaque étage du bâtiment est de forme cylindrique et la superficie de chaque étage diminue lors que l'on monte d'un étage à l'autre. Le toit ressemble à un oignon en forme de dôme.

Les murs de la maison principale sont faits d'or pur et de jaspe. Ainsi, la lumière bleutée et la lumière dorée claire transparente donnent un éclairage d'une harmonie magnifique. Cette lumière est tellement forte que l'on a l'impression que la chambre elle-même est vivante et en mouvement. En fait, le bâtiment tout entier répand des lumières brillantes et on dirait qu'il tourne lentement.

Maintenant, entrons dans ce grand château!

Douze portes pour entrer dans la maison principale du château

La maison principale a douze portes d'entrée. Parce que la taille de la maison principale est très grande, la distance d'une porte à l'autre est assez grande. Les portes sont en forme d'arches, et chacune d'entre elles a une gravure représentant une clé. Sous la gravure de la clé, le nom de la porte est inscrit en alphabet céleste. Ces lettres sont inscrites avec des joyaux et chaque porte est décorée d'un type de joyau différent.

Sous ces inscriptions en joyaux; on retrouve une explication quant à la raison du nom de chaque porte. Dieu le Père a résumé ce que le propriétaire de cette maison a accompli sur terre et l'a exprimé sur les douze portes.

La première porte est la «Porte du Salut.» Son message d'explication concerne la façon dont le propriétaire est devenu berger de tant de gens et a guidé d'innombrables âmes au salut dans le monde entier. À côté de la Porte du Salut se trouve la «Porte de la Nouvelle Jérusalem.» Sous le nom de la porte, l'explication nous indique que le propriétaire a guidé tant d'âmes vers la Nouvelle Jérusalem.

Ensuite, nous avons les «Portes de Puissance.» Il y a quatre portes pour les quatre niveaux de puissance, puis, nous trouvons la Porte de la Puissance de Création et la Porte de la Plus Haute Puissance de Création. Sur ces portes se trouvent des explications quant à la manière dont chaque type de puissance a guéri beaucoup de gens et a glorifié Dieu.

La neuvième porte est la «Porte de Révélation» et l'explication de cette porte nous apprend que le propriétaire a reçu énormément de Révélations et a expliqué la Bible avec beaucoup de clarté. La dixième porte est la «Porte des Accomplissements.» Elle commémore des réalisations telles que la construction du Grand Sanctuaire.

La onzième porte est la «Porte de la Prière.» Cette porte nous raconte comment ce propriétaire a prié toute sa vie afin d'accomplir la volonté de Dieu avec son amour pour Dieu et comment il a pleuré et prié pour les âmes.

La dernière et douzième porte a le sens de «Gagner contre l'ennemi diable, Satan.» Son explication nous informe que le propriétaire a surmonté tout avec foi et amour quand l'ennemi diable, Satan, a essayé de lui faire du mal et de le faire tomber dans le désespoir.

Des inscriptions spéciales et des dessins sur les murs

Les murs, faits d'or pur et de jaspe sont pleins de dessins qui projettent des inscriptions et des dessins. Chaque détail des persécutions et des moqueries qu'il a subies pour le royaume de Dieu, ainsi que toutes les œuvres avec lesquelles il a glorifié Dieu y sont enregistrées. Ce qui est plus étonnant, est que Dieu Lui-même a gravé les inscriptions sous forme de poèmes et de lettres qui réfléchissent de belles et étincelantes lumières. Le château a douze portes de sorte que les gens puissent entrer des quatre côtés, et un secret est incrusté dans chaque porte. Il y a des clés de la foi, l'amour, l'évangélisation, et ainsi de suite, et une clé différente est insérée dans chaque serrure.

Si vous entrez dans le château après avoir passé l'une de ces portes, vous voyez des objets qui sont beaucoup plus beaux que ce que vous avez vu à l'extérieur. Les lumières des joyaux se recoupent deux ou trois fois afin qu'elles apparaissent plus belles.

Des inscriptions concernant les larmes du propriétaire, ses tentatives et ses efforts sur cette terre sont aussi gravées sur les murs intérieurs et elles rendent de belles lumières. Les moments de ses ferventes veillées de prière pour le royaume de Dieu et le pur arôme de s'être donné lui-même en tant qu'offrande pour les âmes sont enregistrés sous forme de poème et rend de merveilleuses lumières.

Dieu le Père a cependant caché la plupart des détails des inscriptions, afin que Dieu Lui-même puisse les montrer au propriétaire lorsqu'il arrivera à cet endroit. C'est ainsi que Dieu peut recevoir son cœur qui glorifie le Père avec une profonde émotion et des larmes lorsqu'Il lui montre ces inscriptions, en lui disant, «J'ai préparé cela pour toi.»

Même dans notre monde, lorsqu'ils aiment quelqu'un, certains écrivent encore et encore le nom de la personne. Ils écrivent ce nom sur un morceau de papier ou dans leur agenda, sur le sable de la plage, et parfois même ils le taillent dans les arbres ou dans des rochers. Ils ne savent pas comment exprimer leur amour donc ils continuent d'écrire le nom de la personne qu'ils aiment.

De façon similaire, il y a une plaque dorée de forme carrée sur laquelle seuls trois mots sont écrits. Ces trois mots sont : «Père», «Seigneur» et «Moi». «Père, Seigneur, Moi.» Le propriétaire de la maison n'arrivait pas à exprimer son amour pour le Père et le Seigneur rien qu'avec des mots. Cela montre l'attitude de son cœur.

Réunions et banquets au premier étage

Ce château n'est habituellement pas accessible aux autres, mais il est ouvert à l'occasion de banquets ou de bals qui y sont tenus. Il y a un très vaste hall dans lequel un innombrable nombre de personnes peut se réunir et tenir des banquets. Il est également utilisé comme lieu de rendez vous dans lequel le propriétaire partage le joie et l'amour en ayant des conversations avec les invités.

Le hall est rond et tellement grand qu'on ne peut pas en voir l'autre bout. Le sol était d'une couleur blanchâtre et très moelleux. Il a beaucoup de joyaux et brille de manière éclatante. Au milieu du hall il y a un chandelier à trois étages pour rajouter à la dignité de la pièce, et il y a plus de chandeliers en or de différentes tailles sur les côtés des murs pour rajouter à la beauté du hall. Il y a aussi au centre du hall une estrade ronde, et de nombreuses tables sont disposées sur plusieurs niveaux autour de l'estrade. Ceux qui sont invités prennent place en ordre et tiennent des conversations amicales.

Toutes les décorations d'intérieur, dans le bâtiment sont faites selon le goût du propriétaire, et leurs lumières et formes sont tellement belles et délicates. Chaque joyau qui s'y trouve a la touche de Dieu et c'est un tel honneur que d'être invité au banquet tenu par le propriétaire de la maison.

Des chambres secrètes et des salons de réception au second étage

Au second étage de ce grand château, il y a de nombreuses pièces et chaque pièce a un secret, uniquement révélé dans le ciel, que Dieu récompense selon les œuvres du propriétaire. Une certaine pièce contient un nombre incalculable de couronnes de différents types, comme un genre de musée. Plusieurs couronnes, y compris une couronne d'or, une couronne décorée d'or, une couronne de cristal, une couronne de perles, une couronne décorée de fleurs et de nombreuses autres couronnes décorées avec toutes sortes de joyaux et soigneusement disposées. Ces couronnes ont récompensé le propriétaire chaque fois qu'il a accompli le royaume de Dieu et Lui a donné gloire sur la terre, et leurs tailles et formes, ainsi que les matériaux et les décorations sont tous différents pour montrer la différence en honneur. Il y a aussi de grandes pièces qui servent de placards pour les vêtements et pour préserver les ornements de joyaux, et ils sont gardés avec grand soin par des anges.

Il y a aussi une pièce carrée propre, sans aucune décoration, appelée «la Chambre de Prières». Elle a été donnée parce que le propriétaire a offert tellement de prières sur la terre. De plus, il y a une pièce avec de nombreux postes de télévision. Cette pièce est appelée «la Chambre de l'Agonie et des Larmes» et dans celle-ci, le propriétaire peut regarder toutes des choses de sa vie terrestre, chaque fois qu'il le veut. Dieu a préservé chaque moment et événement de la vie du propriétaire parce qu'il a fort souffert pendant qu'il accomplissait l'œuvre de Dieu et le ministère et qu'il a versé beaucoup de larmes pour les âmes.

Il y a également au second étage, un endroit magnifiquement décoré pour recevoir les prophètes, dans lequel le propriétaire peut partager son amour et avoir des conversations amicales avec eux. Il peut rencontrer des prophètes comme Elie qui est monté au ciel dans un chariot et des chevaux de feu, Hénoc qui a marché avec Dieu pendant 300 ans, Abraham qui a plu à Dieu par sa foi, Moïse qui était plus humble que quiconque sur la surface de la terre, le toujours passionné apôtre Paul, et les autres, et se réjouir de converser avec eux à propos des circonstances de leurs vies sur la terre.

Le troisième étage réservé pour partager l'amour avec le Seigneur

Le troisième étage du grand château est décoré de manière si merveilleuse pour recevoir le Seigneur et avoir de merveilleuses conversations autant que possible. Ceci lui est donné parce que le propriétaire a aimé le Seigneur plus que quiconque, et a essayé de Lui ressembler par ses œuvres en lisant les quatre Evangiles, et il a servi et aimé tout le monde de la manière dont le Seigneur avait servi Ses disciples. De plus, il a prié avec tant de larmes pour conduire un nombre incalculable d'âmes sur le chemin du salut en recevant la puissance de Dieu comme le Seigneur l'a fait et il a en fait montré de multiples évidences du Dieu vivant. Des larmes coulaient chaque fois qu'il pensait au Seigneur, et il n'a pas pu dormir pendant de nombreuses nuits parce que le Seigneur lui manquait. De plus, de la même manière où le Seigneur priait toute la nuit, le propriétaire a passé tant de fois la nuit dans la prière et il a fait de son mieux pour accomplir entièrement le royaume de Dieu.

Combien joyeux et heureux serait-il lorsqu'il pourra rencontrer le Seigneur face à face et partager son amour avec Lui dans la Nouvelle Jérusalem !

Je peux voir mon Seigneur
Je peux placer la lumière de Ses yeux
sur les miens
Je peux mettre son doux sourire dans mon cœur
Et tout cela est une tellement grande joie pour moi
Mon Seigneur, combien je t'aime !
Tu as tout vu
Et Tu sais toutes choses
Maintenant je prends une grande joie
En étant capable de confesser mon amour,
Je T'aime, Seigneur.
Tu m'as tant manqué.

Les conversations avec le Seigneur ne seront jamais ennuyeuses ni fatigantes.

Dieu le Père, qui a reçu cet amour a décoré l'intérieur, les ornements, les bijoux de manière tellement belle au troisième étage de cette magnifique maison. L'élaboration et la splendeur ne peuvent pas être décrites, et le niveau des lumières est spécial. De la même manière, vous pouvez ressentir la justice et le délicat amour de Dieu qui vous récompense selon vos œuvres, uniquement en regardant aux maisons du ciel.

Les Endroits de Tourisme au Ciel

Qu'y a-t-il d'autre autour du grand château ? Si j'essaie de vous décrire cette maison qui ressemble à une ville dans le moindre détail, ce serait suffisant pour écrire un livre. Autour du château, il y a un grand jardin et beaucoup d'espèces de bâtiments qui sont magnifiquement et harmonieusement décorés. Des facilités comme une piscine, un parc récréatif, des cottages, et un opéra font paraître cette maison comme une attraction touristique majeure.

Dieu récompense tout selon les œuvres personnelles

La raison pour laquelle le propriétaire peut avoir une telle maison avec tant de facilités est parce qu'il a consacré tout son corps, intelligence, temps et argent à Dieu sur cette terre. Dieu récompense tout ce qu'il a fait pour le royaume de Dieu y compris le fait de conduire un nombre incalculable d'âmes sur le chemin du salut et de bâtir l'église de Dieu. Dieu est plus que capable de nous donner non seulement ce que nous demandons, mais aussi ce que nous désirons dans notre cœur. Nous voyons que Dieu est capable de concevoir plus parfaitement et merveilleusement que n'importe quel excellent architecte ou planificateur urbain sur cette terre, tout en montrant aussi la diversité et l'unité.

Sur cette terre, nous pouvons posséder tout ce que nous voulons, la plupart du temps, si nous avons suffisamment d'argent. Au ciel cependant, ce n'est pas le cas. Une maison où vivre, les vêtements, les bijoux, les couronnes ou même le service des anges ne peuvent pas être achetés ni loués, mais sont uniquement accordés que selon la mesure de la foi de chacun et de sa fidélité au royaume de Dieu.

Comme nous le trouvons dans Hébreux 8:5, *«Ceux-ci célèbrent un culte qui est une image et une ombre des réalités célestes,»* ce monde est l'ombre du ciel et la plupart des animaux, plantes et le reste de la nature se retrouvent aussi dans le ciel. Ils sont nettement plus beaux que ceux sur la terre.

Explorons maintenant les jardins remplis de tant de fleurs et de plantes.

Les lieux de culte et le Grand Sanctuaire

En bas du château, au centre, se trouve une très grande cour intérieure où bon nombre de fleurs et d'arbres créent de magnifiques paysages. De chaque côté du château, nous retrouvons de grands lieux de culte où les gens peuvent de temps à autre glorifier Dieu par des louanges. Cette maison céleste, qui est inimaginablement énorme, ressemble un peu à une célèbre attraction touristique équipée de plusieurs installations. Et, puisqu'il faut beaucoup de temps pour les gens faire le tour de la maison, il y a des lieux d'adoration dans lesquels ils peuvent se reposer.

La louange dans le ciel est totalement différente de ce à quoi nous sommes habitués ici sur terre. Vous n'êtes pas liés à des formalités mais pouvez donner gloire à Dieu avec de nouveaux chants. Si vous chantez la gloire du Père et l'amour du Seigneur, vous êtes rafraîchis et vous recevez la plénitude du Saint-Esprit. Puis, des émotions plus profondes envahissent votre cœur et celui-ci se remplit de reconnaissance et de joie.

En plus de ces sanctuaires, ce château inclus un bâtiment

qui a exactement la même forme qu'un certain sanctuaire qui existait sur terre. Sur terre, le propriétaire de ce château avait reçu de Dieu le Père la tâche de construire un énorme et grandiose sanctuaire, et le même genre de sanctuaire est également présent dans la Nouvelle Jérusalem.

Comme David dans l'Ancien Testament, le propriétaire de ce château soupirait aussi après le Temple de Dieu. Il y a de nombreux bâtiments dans le monde mais aucun d'entre eux ne montre vraiment la dignité et la gloire de Dieu. Il s'est toujours senti triste de ce fait.

Il avait une telle grande ferveur pour construire un sanctuaire qui soit uniquement pour Dieu le Créateur que Dieu le Père a accepté ce cœur qui soupirait et lui a expliqué en détail la forme, la superficie, les décorations et même les structures intérieures de ce sanctuaire. Cela était tout simplement impossible pour la pensée humaine; mais il a agi uniquement avec foi, espérance et amour et, enfin, le Grand Sanctuaire a été achevé.

Ce Grand Sanctuaire n'est pas seulement un bâtiment immense et magnifique. Il s'agit de la cristallisation des larmes de l'énergie de ces croyants qui aiment vraiment Dieu. Pour la construction de ce sanctuaire, les trésors du monde ont dû être utilisés. Les cœurs des rois des nations ont dû être touchés. Et pour ce faire, l'ingrédient le plus important était les œuvres puissantes de Dieu qui dépassent l'imagination humaine.

Le propriétaire de ce château a surmonté des combats spirituels vraiment difficiles par lui-même afin de recevoir ce genre de puissance. Il croyait en Dieu qui rend l'impossible possible avec bonté, amour et obéissance. Il priait continuellement et, en conséquence, il a construit le Grand Sanctuaire qui a été accepté avec joie par Dieu.

Dieu le Père connaissant tous ces faits a également construit une reproduction de ce Grand Sanctuaire dans le château de cette personne. Bien sûr, le Grand Sanctuaire du ciel est construit avec de l'or et des pierres précieuses qui sont incomparablement plus beaux que tous les matériaux de la terre, même si leur forme reste la même.

Une salle de spectacle semblable à l'Opéra de Sydney

Dans ce château se trouve une salle de spectacle qui ressemble à l'Opéra de Sydney, en Australie. Ce n'est pas sans raison que Dieu le Père a construit une telle salle de spectacle dans ce château. Lorsque le propriétaire de ce château était sur terre, il organisait de nombreuses équipes d'artistes car il comprenait le cœur de Dieu qui se complaît dans la louange. Et il glorifiait Dieu le Père grandement à travers les performances artistiques chrétiennes qui sont pleines de grâce et de beauté.

Il ne s'agissait pas seulement d'apparences, de compétences et de techniques. Il a guidé les artistes d'une façon spirituelle, afin qu'ils puissent louer Dieu avec un amour vrai qui coule de la profondeur de leurs cœurs. Il a entraîné de nombreux artistes à offrir à Dieu le genre de louanges que Dieu pouvait vraiment accepter. Dieu le Père a donc construit une belle salle de spectacle de sorte que ces artistes soient en mesure de manifester librement leurs compétences selon les désirs de leurs cœurs dans ce château.

Un grand lac s'étend à l'avant de ce bâtiment et l'on dirait que le bâtiment flotte sur l'eau. Lorsque les fontaines d'eau font jaillir l'eau du lac, des gouttelettes d'eau retombent répandant de la lumière semblable à celle des pierres précieuses. La salle de spectacle possède une splendide scène décorée avec de nombreuses sortes de joyaux, ainsi que de nombreux sièges qui attendent le public. C'est ici que les anges vont donner leurs représentations habillés de magnifiques costumes.

Ces anges artistes vont danser habillés de robes émettant des lumières transparentes comme des joyaux brillants et ressemblant aux ailes des libellules. Chacun de leurs mouvements est absolument impeccable et beau. Il y a également des anges qui chantent et jouent des instruments de musique. Ils jouent ces belles et douces mélodies avec des compétences et une maîtrise technique sophistiquées.

Toutefois, bien que les compétences des anges soient si formidables, l'arôme de la louange et de la danse est très différent de celui des enfants de Dieu. Les enfants de Dieu ont les cœurs remplis d'un profond amour et d'une grande reconnaissance pour Dieu. Des cœurs des êtres humains qui ont rendu leurs cœurs beaux et les ont cultivés s'échappent un arôme qui peut émouvoir Dieu le Père.

Ces enfants de Dieu qui ont le devoir de louer Dieu sur la terre auront également de nombreuses occasions de glorifier Dieu par leurs louanges dans les cieux. Si un conducteur de louange entre dans la Nouvelle Jérusalem, il/elle peut jouer dans cette salle de spectacle qui ressemble à l'Opéra de Sydney. Et les spectacles donnés dans cet endroit sont parfois retransmis en direct vers toutes les demeures du royaume céleste. Par conséquent, pouvoir prendre place sur cette scène de spectacle sera vraiment un grand honneur.

Un pont de nuages aux couleurs de l'arc-en-ciel

Le Fleuve d'Eau de la Vie brillant avec des lumières argentées coule tout au travers du château comme s'il entourait le château. Il provient du trône de Dieu et coule autour des châteaux du Seigneur et du Saint-Esprit, la Nouvelle Jérusalem, les Troisième,

LE CIEL II

Second et Premier Royaumes, le Paradis, et revient vers le trône de Dieu.

Les gens parlent avec les poissons de plusieurs belles couleurs pendant qu'ils sont assis sur les plages de sables d'or de chaque côté du Fleuve d'Eau de la Vie. Il y a des rives dorées de chaque côté du Fleuve et autour d'elles il y a les arbres de vie. Assis sur les rives dorées et regardant les fruits appétissants, si vous pensez seulement, ' Ah, ces fruits paraissent tellement délicieux,' les anges de service vont apporter les fruits dans un panier de fleurs et vous les tendront poliment.

Il y a de tellement beaux ponts de nuages en forme d'arche autour du Fleuve d'Eau de la Vie. En vous promenant sur le pont de nuages qui a des couleurs de l'arc-en-ciel et regardant le Fleuve qui coule doucement en dessous de vous, vous vous sentez tellement bien comme si vous flottiez dans le ciel ou marchiez sur l'eau.

Lorsque vous traversez le Fleuve d'Eau de la Vie, il y a un jardin extérieur, avec de nombreuses espèces de fleurs et une pelouse dorée, et ici, vous ressentez quelque chose de différent que vous ressentiez sur le chemin du jardin intérieur.

Un parc d'attractions et une route fleurie

En traversant le pont de nuages, il y a un parc d'attractions qui a de nombreuses sortes de jeux que vous n'avez jamais vues, entendues ni même imaginées; même les plus fameux parcs d'attractions sur la terre, comme Disneyland ne peuvent être comparés à ce parc d'attractions. Des trains de cristal roulent autour du parc, un circuit bateau pirate fait d'or et de nombreux joyaux va d'avant en arrière, un carrousel tourne dans un rythme endiablé et une grande montagne russe roule en donnant des frissons aux utilisateurs. Chaque fois que ces circuits qui sont décorés avec de nombreux joyaux bougent, ils rendent des couleurs de différentes intensités, et uniquement par le fait de vous y trouver, vous êtes emportés par l'atmosphère du festival.

D'un côté du jardin extérieur, il y a une route de fleurs sans fin, et toute la route est couverte de fleurs de sorte que vous puissiez même marcher sur les fleurs elles mêmes. Le corps céleste est tellement léger que vous ne pouvez pas ressentir le poids, et les fleurs ne sont pas piétinées, même si vous marchez sur elles. Lorsque vous marchez sur la large route de fleurs en sentant les essences subtiles des fleurs, les fleurs ferment leurs pétales comme si elles étaient timides et font une vague en ouvrant largement leurs pétales. Ceci est un signe de bienvenue spéciale et de salutation. Dans les récits féeriques, les fleurs ont leur visage propre et peuvent avoir des conversations, et c'est pareil dans le ciel.

Vous serez transportés de joie de marcher sur les fleurs et de vous réjouir de leurs parfums, et les fleurs se sentent heureuses et vous remercient de marcher sur elles. Lorsque vous marchez doucement sur elles, elles rendent même plus de parfum. Chaque fleur a un parfum différent et les senteurs sont mélangées de différentes manières à chaque fois, de sorte que vous puissiez avoir de nouvelles sensations à chaque fois que vous marchez. Les routes de fleurs sont réparties ci et là comme un beau tableau pour rajouter à la beauté de cette maison céleste. De la même manière, chaque maison est énorme et apparemment sans limites, et contient toutes espèces de facilités.

Une grande plaine dans laquelle les animaux jouent paisiblement

Au-delà des routes de fleurs, il y a une grande et vaste plaine et de nombreuses espèces d'animaux que nous retrouvons sur la terre se trouvent là également. Bien sûr, vous pouvez voir beaucoup d'autres animaux dans d'autres endroits, mais il y a pratiquement ici toutes les espèces d'animaux, excepté celles qui se sont opposées à Dieu, comme les dragons. Le paysage qui se déroule devant vos yeux vous rappelle la vaste savane d'Afrique, et ces animaux ne quittent pas leur territoire, malgré le fait qu'il n'y ait pas de clôtures et qu'ils courent librement. Ils sont plus grands que les animaux sur cette terre et ont des couleurs plus claires qui brillent plus. La loi de la jungle n'est pas d'application entre eux ici.

Tous les animaux sont doux; même les lions qui sont appelés les rois des animaux ne sont pas agressifs du tout, mais très doux et leurs fourrures dorées sont tellement belles. Également au ciel, vous pouvez parler librement avec les animaux. Imaginez seulement la beauté de la grande nature couvrant la large plaine où courent les lions ou les éléphants. Ceci n'est pas quelque chose qui est réservé aux contes de fée, mais le privilège réservé à ceux qui sont sauvés et qui possèdent le ciel.

Un cottage privé et une chaise en or pour se reposer

Comme la maison de cette personne est comme une grande attraction touristique dont se réjouiront de nombreuses personnes, Dieu a donné au propriétaire un cottage spécialement pour son usage privé. Ce cottage est situé sur une petite colline avec une grande vue et a de belles décorations. Tous ne peuvent pas entrer dans ce cottage parce qu'il est d'un usage privé. Le propriétaire s'y repose seul ou l'utilise pour recevoir des prophètes comme Elie, Hénoc, Abraham ou Moïse.

Il y a aussi un autre cottage fait de cristal et à l'opposé d'autres bâtiments, il est tellement lumineux et transparent. Vous ne pouvez en fait pas distinguer l'intérieur de l'extérieur et l'entrée est hors limites. Sur le sommet du toit de ce cottage en cristal, il y a une chaise d'or rotative. Lorsque le propriétaire s'y assied, il peut voir toute la maison d'un seul regard au-delà du temps et de l'espace. Dieu l'a faite spécialement pour le propriétaire afin qu'il puisse ressentir la joie en regardant à tant de gens qui visitent sa maison, ou simplement se reposer.

Une colline de réminiscence et une route de contemplation

La route de contemplation, où se trouvent les arbres de vie de chaque côté, est tellement calme que l'on croit que le temps s'arrête. Lorsque le propriétaire avance à chaque pas, la paix jaillit du fond de son cœur et on lui rappelle des choses qui se sont produites sur cette terre. S'il pense au soleil, à la lune, aux étoiles, un grand voile comme un écran est étendu au-dessus de sa tête, et le soleil, la lune et les étoiles apparaissent. Au ciel, la lumière du soleil, de la lune et des étoiles n'est pas nécessaire, parce que l'espace entier est rempli de la lumière de gloire de Dieu, mais le voile est pourvu pour lui afin qu'ils puisse penser aux choses de cette terre.

Il y a aussi un endroit appelé colline de la réminiscence, et elle forme un grand village. C'est l'endroit où le propriétaire peut retracer sa vie sur cette terre, et ses souvenirs y sont collectés. La maison où il est né, les écoles qu'il a fréquentées, les villes et villages où il a vécu, les endroits où il a connu des épreuves, l'endroit où il a rencontré Dieu pour la première fois, et les sanctuaires qu'il a bâtis après être devenu un serviteur, sont tous recréés ici dans l'ordre chronologique.

Malgré que les matériaux soient sensiblement différents de ceux utilisés sur la terre, les choses de cette vie terrestre sont fidèlement reproduites de sorte que les gens puissent sentir d'une manière vivante les traces de sa vie terrestre. Combien merveilleux est le délicat et tendre amour de Dieu !

Des chutes d'eau et une mer avec des îles

Lorsque vous continuez à marcher sur la route de la contemplation, vous pouvez entendre un clair et fort son de loin. C'est le son provenant de la chute d'eau de tant de couleurs. Lorsque la cascade coule, de beaux joyaux brillent à la base de la chute d'eau comme des lumières brillantes. C'est une scène d'une magnifique beauté, tandis qu'un grand volume d'eau tombe en trois niveaux du sommet et coule dans le Fleuve d'Eau de la Vie. Il y a des joyaux qui brillent doublement ou triplement de chaque côté de la chute d'eau, et ils rendent une telle étonnante lumière en même temps que la chute d'eau. Vous pouvez vous ressentir rafraîchis et énergisés rien qu'en les regardant.

Il y a aussi un pavillon au sommet de la chute d'eau duquel les gens peuvent avoir une grande vue ou prendre du repos. Vous pouvez voir la maison céleste dans son entièreté, et la vue est si grande et belle qu'elle ne peut pas être décrite correctement avec les mots de cette terre.

Il y a une grande mer derrière le château, et il y a des îles de différentes tailles dans cette mer. L'eau de mer sans tache et claire brille comme si des joyaux resplendissaient à la surface. C'est également tellement beau à voir les poissons qui nagent dans la mer claire, et à la surprise générale, de merveilleuses maisons de la couleur verte du jade sont construites en dessous de la mer. Sur cette terre même l'homme le plus riche ne peut pas avoir une maison en dessous de la mer.

Cependant, comme le ciel est un univers à quatre dimensions dans lequel tout est possible, il existe d'innombrables choses que nous ne pouvons pas comprendre ou imaginer.

Une gigantesque croisière comme le Titanic et un bateau de cristal

Les îles dans la mer ont d'innombrables espèces de fleurs sauvages, des oiseaux qui chantent et des pierres précieuses pour former de beaux panoramas. Ici, des compétitions de canotage ou de surf sont organisées pour attirer de nombreux citoyens du ciel. Il y a un bateau comme le Titanic sur la mer faiblement ondulée, et ce navire a plusieurs sortes de services, telles que des piscines, des théâtres et des salles de banquet. Si vous vous trouvez sur le bateau transparent qui est entièrement fait de cristal, vous semblez marcher sur la mer, et vous pouvez ressentir la beauté de l'intérieur de la mer dans un sous-marin de la forme d'un ballon de rugby.

Combien cela doit-il être heureux d'être capable d'être sur un bateau comme le Titanic, un bateau de cristal, ou dans un sousmarin en forme de ballon de rugby dans ce merveilleux endroit et y passer toute une journée! Cependant, comme le ciel est un endroit éternel, vous pouvez jouir de ces choses éternellement uniquement si vous avez les qualifications pour entrer dans la Nouvelle Jérusalem.

Beaucoup d'installations athlétiques et récréatives

Il y a aussi des installations athlétiques et récréatives, telles les terrains de golf, les piscines, les courts de tennis, le volleyball, le basket-ball, et ainsi de suite. Ils sont donnés en tant que récompense parce que le propriétaire aurait pu se réjouir de ces sports sur cette terre, mais ne l'a pas fait pour le royaume de Dieu et il a passé tout son temps pour Lui.

Dans le bowling, qui est fait d'or et de pierres précieuses avec la forme d'une quille de bowling, la boule et les quilles sont toutes faites d'or et de pierres précieuses. Les gens jouent en groupe de trois ou cinq et ils ont un temps magnifique ensemble. La boule semble ne rien peser, contrairement à celles sur la terre, et elle roulera donc fortement sur le terrain même si vous la lancez doucement. Lorsqu'elle touche les quilles, de brillantes lumières avec un son clair et beau apparaissent.

Sur le terrain de golf bâti sur une pelouse d'or, l'herbe se couche automatiquement pour laisser passer la balle pendant les jeux. Lorsque l'herbe se couche comme des dominos, cela ressemble à une vague dorée. Dans la Nouvelle Jérusalem, même l'herbe obéit à l'âme de son maître. De plus, après avoir accompli un trou, un morceau de nuage vient se placer aux pieds du maître et le dirige vers un nouveau parcours. Combien cela est il amusant et étonnant!

Les gens ont tellement de plaisir dans la piscine également. Comme personne ne se noie au ciel, même ceux qui ne savaient pas nager sur cette terre peuvent nager naturellement. De plus, l'eau ne mouille pas les vêtements, mais elle coule comme la rosée sur une feuille. Les gens peuvent se réjouir de nager n'importe quand, parce qu'ils peuvent nager tout habillés.

Des lacs de différentes tailles et des fontaines dans les jardins

Il y a de nombreux lacs de différentes tailles dans la grande et vaste maison céleste. Lorsque des poissons de beaucoup de couleurs bougent leurs nageoires dans les lacs, comme s'ils dansaient pour plaire aux enfants de Dieu, il semble qu'ils confessent leur amour à haute voix. Vous pouvez aussi voir des poissons qui changent de couleurs. Un poisson qui secoue ses nageoires de couleur argentée peut subitement changer sa couleur en perle.

Il y a de nombreux jardins et chaque jardin a un nom différent, selon sa beauté unique et ses caractéristiques. La beauté ne peut pas être rendue efficacement, parce qu'il y a le toucher de Dieu même dans la plus petite feuille.

Les fontaines sont aussi différentes selon les caractéristiques de chaque jardin. Généralement, les fontaines projettent de l'eau, mais il y a des fontaines qui projettent de nombreuses et merveilleuses couleurs et senteurs. Il y a de nouvelles et précieuses senteurs que vous ne pouvez pas expérimenter sur cette terre, telles que le parfum de l'endurance que vous pouvez sentir d'une perle, le parfum de l'effort et de la passion de la sardoine, le parfum du sacrifice de soi ou de la fidélité et de nombreux autres. Au centre de la fontaine qui a jailli, il y a des inscriptions et des dessins qui expliquent la signification de chaque fontaine et pourquoi elle a été créée.

De plus, il y a de nombreux autres bâtiments et des endroits spéciaux dans cette maison en forme de château, mais c'est tellement dommage que toutes ces installations ne puissent pas être expliquées dans le détail. Ce qui est important est que rien n'est donné sans raison, mais tout est récompensé uniquement selon la mesure de travail pour le royaume de Dieu et Sa justice sur cette terre.

Grande est votre récompense dans les cieux

Maintenant, vous devez avoir réalisé que cette maison céleste est trop grande et énorme à réaliser. Le château avec une totale intimité est bâti au centre et il y a de nombreux autres bâtiments et installations avec des jardins tout autour; cette maison est comme un endroit touristique au ciel. Vous ne pouvez probablement pas vous empêcher d'être surpris en entendant la taille inimaginable de cette maison qui est préparée par Dieu pour une seule personne cultivée sur cette terre.

Quelle est donc la raison pour laquelle Dieu a préparé une maison céleste qui est grande comme une large ville? Regardons Matthieu 5:11-12:

> *Heureux serez vous lorsqu'on vous outragera, qu'on vous persécutera et qu'on dira faussement de vous toute sorte de mal à cause de Moi. Réjouissez vous et soyez dans l'allégresse, parce que votre récompense sera grande dans les cieux; car c'est ainsi qu'on a persécuté les prophètes qui ont été avant vous.*

Combien l'apôtre Paul a-t-il souffert en accomplissant le royaume de Dieu? Il a souffert d'épreuves innombrables et de persécutions pour prêcher Jésus le Sauveur auprès des Païens. Nous pouvons voir qu'il a travaillé tellement fort pour le royaume de Dieu à partir de 2 Corinthiens 11:23. Paul a été emprisonné, battu, ou a été en danger de mort à de nombreuses reprises pendant qu'il prêchait l'évangile.

Paul ne s'est cependant jamais plaint ni n'a murmuré, mais il s'est réjoui et était content d'être commandé par la Parole de Dieu. Après tout, la porte de la mission mondiale pour les Païens a été ouverte par Paul. C'est pourquoi, il est directement entré dans la Nouvelle Jérusalem et a possédé l'honneur de briller comme le soleil dans la Nouvelle Jérusalem.

Dieu aime beaucoup ceux qui travaillent avec ardeur et sont fidèles au point de sacrifier leur vie et il les bénit et les récompense avec tant de choses dans le ciel.

La ville de la Nouvelle Jérusalem n'est pas réservée pour une personne en particulier, mais quiconque sanctifie son cœur pour ressembler au cœur de Dieu Lui-même et accomplir passionnément sa tâche peut y entrer et y vivre.

Je prie au nom du Seigneur que vous puissiez ressembler au cœur de Dieu au travers de prières ferventes et de la Parole de Dieu, et accomplir complètement vos tâches afin que vous puissiez entrer dans la Nouvelle Jérusalem et Lui confesser avec des larmes, «Je suis tellement reconnaissant pour le grand amour du Père.»

Chapitre 9

Le Premier Banquet dans la Nouvelle Jérusalem

Celui donc qui supprimera l'un de ces petits commandements et qui enseignera aux hommes à faire de même, sera appelé le plus petit dans le royaume des cieux, mais celui qui les observera et qui enseignera à les observer, celui là sera appelé grand dans le royaume des cieux.

- Matthieu 5:19

La ville sainte de la Nouvelle Jérusalem renferme le trône de Dieu et parmi tant de gens qui sont cultivés sur la terre, ceux qui ont des cœurs beaux et purs comme le cristal demeurent là-bas éternellement. La vie dans la Nouvelle Jérusalem avec Dieu la Trinité est pleine d'un inimaginable amour, d'émotion, de bonheur et de joie. Les gens jouissent d'un bonheur qui ne cesse pas en assistant aux cultes d'adoration et aux banquets, et en ayant des conversations affectueuses les uns avec les autres.

Si vous assistez à un banquet dans la Nouvelle Jérusalem qui est organisé par Dieu le Père Lui-même, vous pouvez regarder des spectacles et partager l'amour avec un nombre incalculable de gens de différents lieux de séjour du ciel.

Dieu la Trinité, qui a terminé la culture humaine dans une

longue patience, se réjouit et se sent heureux en regardant Ses enfants bien-aimés.

Le Dieu d'amour m'a révélé dans les détails la vie dans la Nouvelle Jérusalem qui est remplie d'émotion au-delà de compréhension. La raison pour laquelle j'ai pu vaincre le mal avec bonté et aimer mes ennemis même lorsque je souffrais sans raison est parce que mon cœur est rempli d'espérance pour la Nouvelle Jérusalem.

Maintenant, plongeons dans la manière dont sont bénis ceux qui «ressemblent au cœur de Dieu», qui est merveilleux et clair comme le cristal au travers d'une scène du premier banquet qui devait se tenir dans la ville de la Nouvelle Jérusalem.

Le Premier Banquet dans la Nouvelle Jérusalem

Comme sur la terre, il y a des banquets dans le ciel, et au travers de ceux-ci, nous pouvons comprendre également la joie de la vie céleste. C'est parce qu'il y a des places honorables où nous pouvons voir la richesse et la beauté du ciel en un instant et nous en réjouir. Tout comme les gens sur cette terre décorent eux-mêmes avec les plus belles choses, et mangent, boivent et se réjouissent de meilleurs repas au cours de banquets organisés par un président ou un pays, lorsqu'un banquet se tient au ciel, il est rempli de magnifiques danses, de chants et de bonheur.

Un merveilleux bruit de louange venant du hall

Le hall de banquet de la Nouvelle Jérusalem est tellement énorme et vaste. Si vous passez l'entrée et entrez dans une pièce dont vous ne pouvez pas apercevoir l'autre bout, un merveilleux son de musique céleste rajoute à la forte émotion que vous ressentez déjà.

> Merveilleuse est la lumière
> Qui existait avant le commencement des temps
> Il resplendit tout avec cette lumière originelle.
> Il a divisé Ses fils et a créé les anges.
> Sa gloire est loin au-dessus des cieux et de la terre
> Et est magnificence.
> Magnifique est Sa grâce qu'il a étendu seul.
> Il a étendu Son cœur et a créé le monde.
> Louez Son grand amour avec de petites lèvres.
> Louez le Seigneur qui reçoit la louange et vous réjouissez.
> Elevez Son saint nom et louez le à jamais.
> Sa lumière est merveilleuse et digne d'être louée.

Le son clair et élégant de la musique se mélange dans l'esprit pour donner de l'excitation et une telle paix comme un bébé la ressent dans le ventre de sa mère.

La grande porte du hall de banquet avec la couleur de pierres blanches est décorée de fleurs célestes de différentes espèces et couleurs et à un merveilleux arrangement gravé. Vous pouvez voir que Dieu le Père a préparé même une telle petite chose dans le moindre détail dans Son amour délicat pour Ses enfants à chaque coin de la ville de la Nouvelle Jérusalem.

En franchissant la porte d'une couleur de pierre blanche

D'innombrables personnes entrent par la grande et belle porte du hall de banquet en file, et ceux qui vivent dans la Nouvelle

Jérusalem entrent les premiers. Ils portent des couronnes d'or qui sont plus grandes que les couronnes des autres lieux de séjour et rendent des lueurs belles et douces. Les gens portent des robes blanches d'une pièce qui resplendissent de lumières brillantes. La texture est aussi légère et douce que la soie, et elle bouge d'avant en arrière.

La robe qui est décorée d'or ou de différentes sortes de joyaux a des broderies brillantes de joyaux à l'encolure et sur les manches, et selon la récompense de chacun, le type de joyaux et les objets sont différents. La beauté et l'honneur des résidents de la Nouvelle Jérusalem sont tout à fait différents de ceux des résidents des autres lieux célestes dans le ciel.

Au contraire des gens qui vivent dans la Nouvelle Jérusalem, les gens des autres lieux de séjour du ciel doivent suivre un processus pour assister au banquet dans la Nouvelle Jérusalem. Les gens des Troisième, Second et Premier Royaumes du ciel ou du Paradis doivent changer de vêtements pour des robes spéciales pour la Nouvelle Jérusalem. Etant donné que la lumière des corps célestes est différente en fonction du lieu de résidence de chacun, ils doivent emprunter les vêtements appropriés pour visiter les lieux de séjour d'un niveau plus élevé que la place où ils vivent.

C'est pourquoi il y a un endroit séparé pour changer de vêtements. Il y a tellement de robes de la Nouvelle Jérusalem et les anges aident les gens à changer de vêtements. Les gens cependant qui viennent du Paradis, malgré qu'ils soient peu nombreux, doivent changer eux-mêmes de vêtements sans l'aide des anges. Ils changent leurs vêtements pour des robes de la Nouvelle Jérusalem et sont profondément remués par la gloire des robes. Ils se sentent cependant désolés d'être obligés de porter des vêtements qu'ils ne sont pas qualifiés de porter.

Les gens des Troisième, Second et Premier royaumes du ciel

et du Paradis doivent changer de vêtements et montrer leur invitation aux anges à l'entrée du hall de banquet pour pouvoir entrer.

Le vaste et brillant hall de banquet

Lorsque les anges vous conduisent dans le hall de banquet, vous ne pouvez pas vous empêcher d'être envahis par les lumières brillantes, la grandeur et la magnificence du hall de banquet. Le sol du hall brille avec la couleur d'une pierre blanche sans aucun défaut ni tache, et il y a tellement de piliers de chaque côté. Les piliers ronds sont clairs comme du verre et l'intérieur est décoré de nombreuses espèces de joyaux pour créer cette beauté unique. Un petit bouquet de fleurs est attaché à chaque pilier pour rajouter à l'atmosphère et à la qualité du banquet.

Combien cela doit être emballant d'être invité dans une salle de bal qui est faite de marbre blanc et de cristal qui étincelle brillamment! Combien plus beau et heureux même, doit être ce hall de banquet céleste qui est fait de plusieurs espèces de joyaux célestes!

Au fond de la salle de banquet de la Nouvelle Jérusalem, il y a deux estrades qui vous donnent un sentiment solennel comme si vous assistiez à posteriori à une cérémonie de couronnement d'un ancien empereur. Au centre de la scène supérieure, il y a un grand trône de pierre blanche pour Dieu le Père. À la droite de ce trône, il y a le trône du Seigneur et à gauche, il y a le trône de l'invité d'honneur de ce premier banquet. Ces trônes sont entourés de brillantes lumières et sont très élevés et magnifiques. Sur l'estrade inférieure, des sièges sont disposés pour les prophètes selon leur rang céleste pour exprimer la majesté de Dieu le Père.

Ce hall de banquet est suffisamment grand pour contenir

l'incalculable nombre de citoyens célestes invités. D'un côté du banquet, il y a un orchestre céleste avec un archange qui le dirige. Cet orchestre joue de la musique céleste pour rajouter à la joie et au bonheur non seulement pendant le banquet, mais aussi avant que le banquet ne commence.

S'asseoir sous la direction des anges

Ceux qui entrent dans le hall de banquet sont aidés par les anges vers leurs places assignées, et les gens de la Nouvelle Jérusalem sont assis devant, suivis par ceux qui sont des Troisième, Second et Premier Royaumes, et puis le Paradis.

Ceux qui sont du Troisième royaume portent également des couronnes, qui sont totalement différentes des couronnes de la Nouvelle Jérusalem et ils doivent porter un insigne sur le côté droit de leurs couronnes pour être différentiés des gens de la Nouvelle Jérusalem. Ceux qui sont des Second et Premier Royaumes doivent porter un insigne rond sur leur manche gauche afin qu'ils soient automatiquement distingués des gens de la Nouvelle Jérusalem et du Troisième Royaume. Les gens des Second et Premier royaumes portent des couronnes, mais les gens du Paradis n'ont pas de couronne à porter.

Ceux qui sont invités au banquet de la Nouvelle Jérusalem prennent place et attendent l'entrée de Dieu le Père, organisateur de ce banquet, avec un esprit léger, en réajustant leurs vêtements et ainsi de suite. Lorsqu'une trompette résonne pour annoncer l'entrée de Dieu le Père, tous les invités du banquet se lèvent pour recevoir leur hôte. A cet instant, ceux qui ne sont pas invités au banquet peuvent également participer à l'événement au travers d'un système de retransmission simultané installé dans leurs lieux de séjour respectifs, partout dans le ciel.

Le Père entre dans le hall au son de la trompette

Au son de la trompette, de nombreux archanges qui escortent Dieu le Père entreront d'abord et ensuite suivront Ses bien-aimés précurseurs de la foi. Maintenant tout et tous sont prêts pour accueillir Dieu le Père. Les gens qui assistent à cette scène deviennent plus curieux de voir le Père et le Seigneur, et ils fixent de leurs yeux l'entrée.

Finalement, avec de brillantes et glorieuses lumières, Dieu le Père entre. Son aspect est grand et digne, mais en même temps tellement bon et saint. Ses cheveux remuant doucement brillent d'or, et de lumières tellement éclatantes resplendissent de son visage et de tout son corps que les gens ne peuvent même pas correctement ouvrir leurs yeux.

Lorsque Dieu le Père arrive au trône, les armées célestes et les anges, les prophètes qui attendent sur l'estrade, et toutes les personnes dans le hall de banquet baissent la tête pour l'adorer. C'est un tel honneur que de voir en personne, en tant que créature, Dieu le Père, le Créateur et Régisseur de toutes choses. Combien cela est émouvant et joyeux! Cependant, tous les invités ne peuvent pas le voir. Les gens du Paradis, des Premier et Second royaume ne peuvent pas lever leurs visages à cause des lumières brillantes. Ils partagent seulement des larmes de joie et d'émotion en reconnaissance du fait qu'ils puissent même assister au banquet.

Le Seigneur introduit l'invité d'honneur

Après que Dieu le Père se soit assis sur Son trône, le Seigneur entre conduit par un beau et élégant archange. Il porte une grande et splendide couronne et il porte une longue cape blanche brillante. Il paraît digne et rempli de majesté. Le Seigneur se courbe d'abord devant Dieu le Père par politesse, reçoit l'adoration des anges, des prophètes et de tous les autres gens et Il leur sourit en retour. Dieu le Père, assis sur le trône est satisfait en regardant tous les gens qui assistent au banquet.

Le Seigneur s'avance vers le podium et introduit l'invité d'honneur du premier banquet, et dans le détail, Il dit tout de son ministère qui a aidé à terminer la culture humaine. Certains des invités du banquet se demandent qui c'est, et ceux qui le connaissent déjà écoutent le Seigneur avec attention dans une grande attente.

Finalement, le Seigneur finit Son exposé en expliquant combien cet homme a aimé Dieu le Père, combien il a essayé de sauver de nombreuses âmes, et comment il a entièrement accompli la volonté de Dieu. Alors, Dieu le Père est envahi de joie et se lève pour accueillir l'invité d'honneur du premier banquet, comme un père accueillant son fils qui rentre à la maison avec succès, comme un roi recevant un général triomphant. Dans le hall de banquet, rempli d'attente et de tremblement, la trompette résonne une fois de plus et ensuite l'invité d'honneur fait son entrée en brillant de manière éclatante.

Il porte une grande et magnifique couronne et une longue cape blanche comme celle du Seigneur. Il paraît également digne, mais les gens peuvent ressentir sa gentillesse et sa miséricorde à son visage qui ressemble à celui de Dieu le Père.

Je vous présente Mon cher fils

Lorsque l'invité d'honneur du premier banquet entre, les gens se lèvent et commencent à agiter leurs mains levées comme si elles formaient une vague. Ils se retournent et se réjouissent avec d'autres en les embrassant. Par exemple, lorsqu'à la dernière finale de la Coupe du Monde, le ballon passe le gardien de but pour entrer dans le but et entraîner la victoire, tous les gens du pays vainqueur qui y assistent ou ceux qui regardent à la maison se réjouissent et se congratulent, en s'embrassant, en échangeant des «v» de victoire et ainsi de suite. De même, le hall de banquet de la Nouvelle Jérusalem est rempli de cris de joie.

Celui qui est introduit par le Seigneur va vers Dieu le Père d'abord, et le salue avec respect. Dieu le Père embrasse Lui-même la personne, et ensuite le Seigneur l'embrasse.

Maintenant, Dieu le Père dit, «Je vous présente Mon cher fils» et il présente une fois de plus l'invité d'honneur du premier banquet. A ce point, non seulement les invités du banquet, mais également les gens qui assistent au banquet sur les écrans baissent la tête pour l'adorer.

Dieu le Père s'assied alors à nouveau sur le trône et le Seigneur et l'invité d'honneur s'asseyent sur leurs trônes. Maintenant, les regards de tous les gens sont à nouveau fixés sur lui. Le regardant avec un cœur entièrement satisfait, Dieu le Père lui dit:

Mon fils!
Je suis ravi et tellement heureux
Parce que tu es revenu à Moi
Après avoir accompli la tâche que Je t'avais donnée
Maintenant, reste ici et demeure à jamais avec Moi

Je suis tellement heureux! Commencez un joyeux banquet!

En regardant le hall rempli de Ses enfants, Dieu le Père dit, «Je suis tellement heureux et ravi. Commencez un joyeux banquet. » Immédiatement, la musique céleste joue et des présentations de magnifiques anges avec des danses et des chants commencent sur l'estrade. Des anges jouant de la musique et dansant se produisent merveilleusement avec les mélodies célestes; ils tournent parfois en cercle ou d'autres chorégraphies ou sautent joyeusement. Ils dansent élégamment avec une musique douce et de manière harmonieuse avec une musique joyeuse.

Même sur cette terre, les gens sont souvent en admiration par la beauté des performances au Carnegie Hall de New York ou de l'Opéra de Sidney. Pouvez-vous imaginez, combien plus beau et émouvant même doit être la performance spécialement préparée pour ce premier banquet donné par Dieu?

Ceux qui assistent au premier banquet de la Nouvelle Jérusalem sont servis par des anges. Ils sont assis autour de tables avec leurs frères et sœurs dans la foi, avec lesquels ils ont travaillé ensemble sur cette terre et ils ont des conversations agréables, jouissent des boissons ou saluent les précurseurs de la foi qu'ils ont toujours souhaité rencontrer. Il y a aussi un moment spécial pendant les performances: des danses et des chants remplis d'émotion par ceux qui ont travaillé avec l'invité d'honneur sur la terre.

C'est une surprise que Dieu le Père a préparée, afin que tous – le Seigneur, l'invité d'honneur, et tous ceux qui assistent au banquet – soient ravis. De même, le Dieu d'amour nous récompense avec un honneur et une gloire inexprimables pour même la plus petite chose que nous avons faite sur cette terre, et le ciel préparé pour nous par Dieu Lui-même est tellement glorieux.

Les Prophètes au Premier Rang du Ciel

Que devons nous faire de manière spécifique pour devenir des résidents de la Nouvelle Jérusalem et assister au premier banquet? Nous ne devons pas uniquement accepter Jésus-Christ et recevoir le Saint-Esprit en don, mais aussi porter les neuf fruits du Saint-Esprit et ressembler au cœur de Dieu qui est clair et beau comme le cristal. Au ciel, la position est définie en fonction de la manière où nous sommes sanctifiés et ressemblons au cœur de Dieu.

Donc, même au premier banquet dans la Nouvelle Jérusalem, les prophètes entrent selon le rang céleste lorsque Dieu le Père entre dans le hall. Plus le rang des prophètes ou des autres précurseurs de la foi est élevé, plus ils peuvent se tenir près du trône de Dieu. De même, puisque le ciel est régi selon un ordre basé sur un rang, nous savons que nous devons ressembler au cœur de Dieu pour demeurer plus près de Son trône.

Considérons maintenant le type de cœur qui est clair et beau comme le cristal, comme le cœur de Dieu et comment nous pouvons lui ressembler entièrement au travers des vies des prophètes du premier rang dans le ciel.

Elie a été enlevé sans voir la mort

De tous les êtres humains cultivés sur cette terre, le plus élevé en rang est Elie. Au travers de la Bible, vous pouvez voir que chaque aspect de la vie d'Elie a témoigné du Dieu vivant, le seul vrai Dieu. Il était prophète au temps du roi Achab dans le royaume du nord d'Israël, où l'adoration des idoles était commune. Il a défié 850 prophètes qui adoraient des idoles et a fait descendre le feu du ciel. Elie a aussi apporté une forte pluie après trois années et demi de sécheresse.

> *Elie était un homme de la même nature que nous; il pria avec instance pour qu'il ne plût point, et il ne tomba point de pluie sur la terre pendant trois ans et six mois. Puis il pria de nouveau, et le ciel donna de la pluie et la terre donna son fruit (Jacques 5:17-18).*

De plus, au travers d'Elie, une poignée de farine dans un pot et un peu d'huile dans une cruche ont duré jusqu'à ce que la famine fût terminée. Il a ressuscité le fils mort d'une veuve et a séparé le fleuve Jourdain. Finalement, enlevé dans la nuée, Elie est monté au ciel (2 Rois 2:11).

Quelle est donc la raison pour laquelle Elie, qui était un homme de la même nature que nous a pu manifester les œuvres puissantes et éviter même la mort? C'est parce qu'il a accompli un cœur qui est pur et beau comme le cristal et qui ressemble à Dieu, au travers de nombreuses épreuves pendant sa vie. Elie a complètement placé sa confiance en Dieu dans n'importe quel type de situation et Lui a toujours obéi.

Lorsque Dieu le lui a ordonné, le prophète s'est présenté devant le roi Achab qui essayait de le tuer et a proclamé que l'Eternel était le seul vrai Dieu devant un nombre incalculable de gens. C'est pour cette raison et de cette façon qu'il a reçu la puissance de Dieu, a manifesté tellement cette puissance dans les œuvres, glorifiant grandement Dieu, et se rendant qualifié pour recevoir l'honneur et la gloire à jamais.

Hénoc a marché avec Dieu pendant 300 ans

Qu'en est-il du cas d'Hénoc? Comme Elie, Hénoc a aussi été

enlevé dans les cieux sans voir la mort. Malgré que la Bible ne dit pas tellement de choses à son sujet, nous pouvons cependant ressentir combien il a ressemblé au cœur de Dieu.

> *Hénoc, âgé de soixante cinq ans, engendra Métuschélah. Hénoc, après la naissance de Méthuschélah, marcha avec Dieu trois cents ans, et il engendra des fils et des filles. Tous les jours d'Hénoc furent de trois cent soixante cinq ans. Hénoc marcha avec Dieu; puis il ne fut plus, parce que Dieu le prit (Genèse 5:21-24).*

Hénoc a commencé à marcher avec Dieu à l'âge de 65 ans. Il était tellement bien aux yeux de Dieu, parce qu'il ressemblait au cœur de Dieu. Dieu communiquait profondément avec lui; et a marché avec lui pendant 300 ans, et il le prit vivant pour le placer près de Dieu Lui-même. Ici «marcher avec Dieu» signifie que Dieu est avec cette personne particulière en toutes choses et Dieu était avec Hénoc, où qu'il aille pendant trois siècles.

Si vous allez en voyage, avec quel genre de personne, voudriez-vous partir? Le voyage sera probablement très plaisant si vous allez avec une personne avec laquelle vous pouvez partager vos pensées. De la même manière, nous réalisons qu'Hénoc était un avec Dieu par le cœur et il pouvait dès lors marcher avec Dieu.

Etant donné que Dieu est par essence lumière, bonté et amour, nous ne devons avoir aucunes ténèbres en nous pour marcher avec Dieu mais posséder une bonté et un amour débordants. Hénoc s'est conservé saint malgré qu'il marchait dans un monde pécheur, et il a exprimé la volonté de Dieu aux gens (Jude 1:14). La Bible ne dit pas qu'il a accompli quelque chose de grand ou a accompli une quelconque tâche. Cependant, parce qu'Hénoc craignait Dieu profondément dans son cœur, s'est éloigné du mal et a vécu une vie sanctifiée pour être capable de marcher avec Lui, Dieu l'a pris pour le placer plus rapidement près de Lui.

C'est pourquoi, Hébreux 11:5 nous dit, *«C'est par la foi qu'Hénoc fut enlevé pour qu'il ne vit point la mort, et qu'il ne parut plus, parce que Dieu l'avait enlevé; car avant son enlèvement, il avait reçu le témoignage qu'il était agréable à Dieu.»* De la même manière, Enoch qui possédait le type de foi qui plait à Dieu a été béni de pouvoir toujours marcher avec Dieu, a été enlevé au ciel sans voir la mort, et est devenu la seconde personne en rang dans le ciel.

Abraham était appelé ami de Dieu

Maintenant, quel type de beau cœur Abraham devait-il avoir afin d'être appelé un ami de Dieu et recevoir le troisième rang dans le ciel?

Abraham a entièrement fait confiance à Dieu et Lui a obéi complètement. Lorsqu'il a quitté son pays natal sur l'ordre de Dieu, il ne connaissait même pas la destination, mais par obéissance, il a quitté sa ville natale et sa prospérité. De plus lorsqu'il lui fut ordonné d'offrir son fils Isaac auquel il avait donné naissance à l'âge de 100 ans, en tant qu'holocauste, il a immédiatement obéi. Il a fait confiance à Dieu qui est bon et tout puissant, et qui pouvait ressusciter les morts.

Abraham n'était pas du tout égoïste. Par exemple, lorsque ses biens et ceux de son neveu Lot devenaient tellement grands qu'ils n'étaient plus capables de demeurer ensemble, Abraham a laissé Lot décider d'abord, en disant *«Si tu vas à gauche, j'irai à droite, et si tu vas à droite, j'irai à gauche»* (Genèse 13:8-9).

A une occasion, de nombreux rois se sont unis pour envahir Sodome et Gomorrhe et ils ont saisi tous les biens et la nourriture, et même son neveu Lot qui vivait à Sodome. Alors, Abraham a pris 318 hommes nés et entraînés dans sa famille, a poursuivi les rois et a ramené la nourriture et les biens. Le roi de Sodome a voulu donner à Abraham quelques uns des biens restitués en tant que signe de gratitude, mais il a refusé. Abraham l'a fait pour prouver que ses bénédictions ne venaient que de Dieu. De la même manière Abraham a obéi dans la foi pour la gloire de Dieu avec un cœur qui est pur et beau comme le cristal. C'est pourquoi Dieu l'a béni abondamment sur cette terre aussi bien qu'au ciel.

Moïse, leader de l'Exode

Quel type de cœur devait avoir Moïse, le leader de l'Exode qui est placé quatrième au ciel? Nombres 12:3 nous dit, *«Maintenant, Moïse était un homme d'une grande humilité, plus humble que n'importe qui sur la surface de la terre.»*

Dans Jude, il y a une scène dans laquelle l'archange Michaël se bat avec le diable pour le corps de Moïse, et c'est parce que Moïse avait les qualifications requises pour être élevé au ciel sans voir la mort. Lorsque Moïse était un prince d'Egypte, il a tué un égyptien qui frappait un Hébreu. A cause de cela, le diable a contesté, disant que Moïse devait connaître la mort.

L'archange Michaël s'est cependant battu avec le diable, disant que Moïse avait rejeté tout péché et mal et qu'il avait les qualifications pour être enlevé. Dans Matthieu 17, nous lisons que Moïse et Elie sont descendus du ciel pour avoir une conversation avec Jésus. De ces faits, nous pouvons déduire ce qui est advenu du corps de Moïse.

LE CIEL II

Moïse a dû s'enfuir du palais de Pharaon à cause du meurtre qu'il avait commis. Alors, il a élevé des brebis dans le désert pendant 40 ans. Au travers de l'épreuve dans le désert, Moïse a détruit tout son orgueil, ses désirs et sa propre justice qu'il avait en étant prince dans le palais de Pharaon. Uniquement après cela, Dieu lui a donné la tâche de faire sortir les israélites d'Egypte.

Maintenant, Moïse qui avait auparavant tué une personne et s'était enfui, a dû retourner auprès de Pharaon et faire sortir les israélites qui avaient été esclaves pendant 400 ans. Cela semblait impossible par des pensées humaines, mais Moïse a obéi à Dieu et est allé devant Pharaon. N'importe qui ne pouvait pas devenir le leader pour faire sortir des millions d'israélites d'Egypte et de les conduire vers le pays de Canaan. C'est pourquoi, Dieu a d'abord raffiné Moïse dans le désert pendant 40 ans et en a fait un grand vase qui pouvait embrasser et résister à tous les israélites. De cette manière, Moïse est devenu une personne qui pouvait obéir jusqu'au point de la mort, au travers des épreuves et il a pu accomplir la mission de conduire l'Exode. Nous pouvons facilement voir dans la Bible combien Moïse était grand.

Moïse retourna vers l'Eternel et dit: Ah!, Ce peuple a commis un grand péché. Ils se sont fait un dieu d'or. Pardonne maintenant leur péché! Sinon efface moi de Ton livre que Tu as écrit (Exode 32:31-32).

Moïse savait bien que supprimer son nom du livre du Seigneur, ne signifiait pas une mort physique. En sachant que ceux dont le nom ne sont pas inscrits dans le Livre de Vie seront précipités en enfer – la mort éternelle – et souffriront éternellement, Moïse voulait prendre la mort éternelle pour le pardon des péchés du peuple.

Qu'est-ce que Dieu a dû penser en regardant à un tel Moïse? Dieu était tellement content de lui parce qu'il avait complètement compris le cœur de Dieu qui hait le péché et qui veut malgré tout sauver les pécheurs; Dieu a répondu à sa prière. Dieu considérait Moïse seul, plus valable que tous les israélites parce qu'il avait un cœur qui était juste aux yeux de Dieu et était pur et clair comme l'eau de la vie provenant de Son trône.

S'il y a un diamant de la taille d'un haricot sans tache ni défaut, et des centaines de pierres de première taille, lequel considéreriez vous comme ayant le plus de valeur? Personne ne voudrait échanger un diamant avec des pierres ordinaires.

C'est pourquoi, réalisant le fait que la valeur de Moïse seul, qui a accompli en lui le cœur de Dieu, était beaucoup plus grande que celle de tout le peuple d'Israël réuni, nous devons accomplir des cœurs qui sont purs et beaux comme le cristal.

Paul, l'apôtre des Païens

Le cinquième dans la hiérarchie du ciel est l'apôtre Paul qui a dévoué sa vie à évangéliser les Païens. Malgré qu'il soit fidèle au royaume de Dieu au point d'être tué avec tant de passion, dans un coin de sa mémoire, il a toujours regretté d'avoir à un moment de sa vie persécuté les croyants de Jésus-Christ avant d'avoir accepté le Seigneur. C'est pourquoi, il a confessé dans 1 Corinthiens 15:9, *«Car je suis le moindre des apôtres, je ne suis pas digne d'être appelé apôtre, parce que j'ai persécuté l'église de Dieu.»*

Cependant, parce qu'il était tellement un grand vase, Dieu l'a choisi, l'a raffiné, et l'a utilisé en tant qu'apôtre pour les Païens. A partir de 2 Corinthiens 11:23, il explique dans le détail beaucoup d'épreuves qu'il a supportées en prêchant l'évangile, et on peut voir qu'il a tellement souffert qu'il a même désespéré de la vie. Il a été flagellé et emprisonné à de nombreuses reprises. Cinq fois, il a reçu de la part des juifs les quarante coups moins un; trois fois il a été battu de verges; il a été une fois lapidé, trois fois il a fait naufrage, il a passé un jour et une nuit dans la mer déchaînée; il a souvent été privé de sommeil; il a connu la faim et la soif et a souvent été privé de nourriture; il a eu froid et a été dénudé (2 Corinthiens 11:23-27).

Paul a souffert tellement qu'il a confessé dans 1 Corinthiens 4:9, *«Car Dieu, ce me semble a fait de nous apôtres, les derniers des hommes, des condamnés à mort en quelque sorte, parce que nous avons été en spectacle au monde, aux anges et aux hommes.»*

Pourquoi alors, Dieu a-t-il permis tant d'épreuves et de persécutions à Paul qui a été fidèle jusqu'à la mort? Dieu aurait pu protéger Paul de toutes les épreuves, mais Il voulait que Paul possède un cœur aussi pur et beau que le cristal au travers de ces épreuves. Après tout, l'apôtre Paul n'a pu trouver de réconfort et de joie qu'en Dieu seul, en se reniant complètement lui-même, et obtenir la stature parfaite de Christ. Maintenant, il a pu confesser dans 2 Corinthiens 11:28, *«Et sans parler d'autres choses, je suis assiégé chaque jour par les soucis que me donnent toutes les églises.»*

Il a également confessé dans Romains 9:3, *«Car je voudrais moi-même être anathème et séparé de Christ pour mes frères, mes parents selon la chair…»* Paul qui a ce type de cœur aussi pur et beau que le cristal n'a pas uniquement pu entrer dans la Nouvelle Jérusalem, mais a aussi pu demeurer près du trône de Dieu.

De Belles Femmes devant la face de Dieu

Nous avons déjà examiné le premier banquet de la Nouvelle Jérusalem. Lorsque Dieu le Père entre dans le hall, il y a une femme derrière lui. Elle accompagne Dieu le Père dans une robe blanche qui touche presque le sol et est décorée de divers joyaux. Cette femme est Marie de Magdala. Considérant les circonstances de ce temps où le rôle public des femmes était limité, elle ne pouvait pas avoir beaucoup fait pour le royaume de Dieu, mais parce qu'elle était une femme tellement belle aux yeux de Dieu, elle a pu entrer dans l'endroit le plus vénéré du ciel.

Tout comme il y a un rang parmi les prophètes en fonction de la manière dont ils ont ressemblé au cœur de Dieu, les femmes au ciel ont aussi un ordre selon lequel elles sont classifiées dans la mesure où elles ont été reconnues et aimées par Dieu.

Alors, quel genre de vie ces femmes ont elles menées pour être reconnues et aimées par Dieu et devenir des citoyennes d'honneur du ciel?

Marie de Magdala, la première à avoir rencontré Jésus ressuscité

La femme la plus aimée de Dieu est Marie de Magdala. Pendant longtemps, elle a été liée par la puissance des ténèbres et a reçu du dédain et du rejet de la part des autres, et elle a souffert de diverses maladies. Dans l'un de ces jours difficiles, elle a entendu parler de Jésus, elle a préparé un parfum cher et se présenta devant Lui. Elle avait entendu que Jésus était venu dans la maison d'un des pharisiens et s'y est rendue, mais elle n'osait pas se présenter devant Lui, malgré qu'elle désirât le rencontrer depuis si longtemps. Elle est venue derrière Lui, a mouillé Ses pieds de ses larmes, les a essuyés de ses cheveux, et a brisé l'amphore et versé le parfum sur Lui. Elle a été libérée des douleurs de sa maladie au travers de cet acte de foi, et elle était très reconnaissante. A partir de ce moment, elle a tellement aimé Jésus et elle L'a suivi partout où Il allait, et elle est devenue une belle femme qui a dévoué sa vie entière pour Lui (Luc 8:1-3).

Elle a suivi Jésus même lorsqu'Il a été crucifié et a expiré, malgré qu'elle sache que sa présence seule pouvait lui coûter la vie. Marie est allée au-delà du simple remboursement de la grâce qu'elle avait reçue, mais elle a suivi Jésus, en Lui dévouant tout, y compris sa vie.

Marie de Magdala, qui a tant aimé Jésus, est devenue la première personne qui a rencontré le Seigneur après Sa résurrection. Elle est devenue la plus grande femme dans l'histoire de l'humanité parce qu'elle avait un cœur tellement bon, et des belles œuvres qui ont même pu toucher Dieu.

La vierge Marie a été bénie de concevoir Jésus

La seconde parmi les plus belles femmes aux yeux de Dieu est la vierge Marie, qui a été bénie en concevant Jésus, qui est devenu le Sauveur de toute l'humanité. Il y a à peu près 2000 ans, Jésus devait venir dans la chair pour racheter tous les hommes de leurs péchés. Afin que ceci soit accompli, une femme adéquate aux yeux de Dieu était nécessaire et Marie, qui en ce temps-là était fiancée à Joseph, a été choisie. Dieu lui a fait savoir à l'avance au travers de l'archange Gabriel qu'elle concevrait Jésus par l'entremise du Saint-Esprit. Marie n'a pas utilisé de pensée humaine, mais a confessé sa foi avec assurance *«Je suis la servante du Seigneur. Qu'il me soit fait selon Sa Parole» (Luc 1:38).*

Si une vierge tombait enceinte en ce temps-là, elle devait non seulement recevoir une disgrâce publique, mais aussi être lapidée à mort selon la Loi de Moïse. Elle a cependant cru profondément dans son cœur que rien n'était impossible à Dieu et elle demanda que cela soit fait comme cela avait été dit. Elle avait un cœur suffisamment bon pour obéir à la Parole de Dieu même si cela pouvait lui coûter sa propre vie. Combien heureuse et reconnaissante elle a dû être lorsqu'elle a conçu Jésus et lorsqu'elle l'a vu grandir dans la puissance de Dieu! C'était une telle bénédiction qui arrivait à Marie, une simple créature.

C'est pourquoi elle était tellement heureuse en regardant simplement à Jésus, et elle l'a servi et aimé plus que sa propre vie. De cette manière, la vierge Marie a été abondamment bénie par Dieu et a reçu l'éternelle gloire à côté de Marie de Magdala parmi toutes les femmes au ciel.

Esther n'a eu peur de rien pour la volonté de Dieu

Esther, qui a sauvé son peuple bravement, avec foi et amour, est devenue une belle femme aux yeux de Dieu et a atteint la position la plus honorable dans les cieux.

Après que le roi de Perse Xerxès eut retiré sa position royale à la reine Vashti, Esther a été choisie parmi beaucoup de belles femmes et est devenue reine malgré qu'elle soit Juive. Elle était aimée par le roi et de nombreuses personnes parce qu'elle n'a jamais essayé de se glorifier ou de montrer de l'orgueil, mais elle s'est ornée de pureté et d'élégance malgré qu'elle soit déjà naturellement belle.

Pendant ce temps, tandis qu'elle se trouvait dans une position royale, les Juifs ont connu une grande crise. Haman l'Agaguite, qui était favori du roi, s'est enflammé de colère lorsqu'un Juif,

Mardochée n'a pas fléchi le genoux devant lui et ne lui a pas témoigné d'honneur ni de respect. Il a donc fomenté un complot pour détruire tous les Juifs en Perse, et a reçu l'autorisation du roi pour faire cela.

Esther a jeûné pendant trois jours pour le peuple et a décidé de se présenter devant le roi (Esther 4:16). Selon la loi Perse de ce temps-là, si quelqu'un se présentait devant le roi sans avoir été appelé, il ou elle devait être mis à mort, sauf si le roi tendait son sceptre d'or vers cette personne. Après le jeûne de trois jours, Esther s'est appuyée sur Dieu et s'est présentée de sa propre initiative devant le roi, *«Si je dois périr, je périrai.»* Suite à l'intervention de Dieu, Haman qui avait conspiré fut lui-même tué. Esther n'a pas seulement sauvé son peuple, mais elle fut encore plus aimée par le roi.

De la même manière, Esther a été reconnue comme une belle femme et a obtenu une position glorieuse au ciel parce qu'elle était forte dans la vérité et qu'elle avait le courage de donner sa propre vie si cela devait être la volonté de Dieu.

Ruth avait un cœur beau et bon

Regardons maintenant à la vie de Ruth, qui est aussi reconnue comme une belle femme aux yeux de Dieu et est devenue une des plus grandes femmes au ciel. Quel type de cœur et d'œuvres avait-elle pour plaire à Dieu et être bénie?

Ruth, la Moabite a marié un israélite, dont la famille avait émigré à Moab à cause d'une famine, mais elle a rapidement perdu son mari. Tous les hommes dans sa famille sont morts jeunes, et elle vivait avec sa belle mère Naomi, et sa belle sœur Orpah. Naomi, inquiète pour leur futur a suggéré à ses belles filles de retourner auprès de leur famille. Orpah quitta Naomi en larmes mais Ruth resta, faisant une émouvante confession comme suit :

> *Ne me presse pas de te laisser, de retourner loin de toi ! Où tu iras j'irai, où tu demeureras, je demeurerai ; ton peuple sera mon peuple, et ton Dieu sera mon Dieu ; où tu mourras, je mourrai, et j'y serai enterrée. Que l'Eternel me traite dans toute sa rigueur, si autre chose que la mort vient à me séparer de toi !*

Comme Ruth avait ce type de cœur beau, elle n'a jamais pensé à son propre intérêt, mais a uniquement suivi sa bonté même si cela devait la blesser, et elle a accompli sa tâche de servante fidèle pour sa belle mère avec bonheur.

L'œuvre de Ruth au service de sa belle mère était tellement belle que tout le village connaissait la fidélité de Ruth et l'aimait. Finalement, avec l'aide de sa belle mère, elle s'est mariée à un homme appelé Boaz, un racheteur de terre. Elle a donné naissance à un fils et est devenue l'arrière grand-mère du roi David (Ruth 4:13-17). De plus, Ruth a été bénie de se trouver dans la généalogie de Jésus malgré qu'elle soit une femme Païenne (Matthieu 1:5-6), et elle est devenue l'une des plus belles femmes au ciel à côté d'Esther.

Marie de Magdala Demeurant près du Trône de Dieu

Quelle est donc la raison pour laquelle Dieu nous fait connaître le premier banquet dans la Nouvelle Jérusalem et la hiérarchie des prophètes et des femmes ? Le Dieu d'amour ne veut pas seulement que tous les hommes soient sauvés et atteignent le royaume des cieux, mais qu'ils ressemblent à Son cœur afin qu'ils puissent demeurer près de Son trône dans la Nouvelle Jérusalem.

Pour que nous puissions recevoir l'honneur de demeurer près du trône de Dieu dans la Nouvelle Jérusalem, nos cœurs doivent ressembler au cœur de Dieu qui est aussi clair et beau que le cristal. Nous devons accomplir le beau cœur comme les douze fondements des murs de la ville de la Nouvelle Jérusalem.

Pour cela, à partir de maintenant, nous allons essayer de plonger dans la vie de Marie de Magdala, qui sert Dieu le Père en demeurant près de Son trône. Pendant que je priais pour «l'étude de l'évangile de Jean», je suis parvenu à connaître dans le détail, la vie de Marie de Magdala sous l'inspiration du Saint-Esprit. Dieu m'a révélé le type de famille dans laquelle est née Marie de Magdala, comment elle a vécu et quelle vie heureuse elle a pu mener après avoir rencontré Jésus-Christ notre Sauveur. J'espère que vous suivrez son beau et bon cœur pour mettre le blâme sur elle-même en toutes choses et son amour du sacrifice pour le Seigneur, afin que vous aussi puissiez avoir l'honneur de demeurer près du trône de Dieu.

Elle est née dans une famille qui adorait les idoles

Elle était appelée «Marie de Magdala» parce qu'elle était née dans un village appelé «Magdala» qui était rempli d'idolâtrie. Sa famille ne faisait pas exception; une malédiction était tombée sur sa famille depuis des générations à cause d'une sévère idolâtrie et il y avait eu de nombreux problèmes.

Marie de Magdala qui était née dans la pire des situations spirituelles, n'a pas pu manger normalement à cause d'un désordre gastrique. Egalement, parce qu'elle était la plupart du temps physiquement faible, son corps était vulnérable à toutes espèces de maladies. De plus, même ses menstruations se sont arrêtées à un jeune âge et elle a donc perdu une importante fonction féminine. C'est pourquoi, elle est toujours restée dans sa maison et s'est abaissée comme si elle n'existait pas. Cependant, malgré qu'elle soit dédaignée et rejetée froidement même par les membres de sa propre famille, elle n'avait jamais de plaintes contre eux. Au contraire, elle les comprenait et essayait d'être une source de force pour eux, prenant les blâmes sur elle-même. Lorsqu'elle a réalisé qu'elle ne pouvait plus être une source de force pour sa famille, mais uniquement un fardeau, elle a quitté sa famille. Ce n'était pas par haine ni dégoût à cause de la maltraitance, mais uniquement parce qu'elle ne voulait pas être un fardeau pour eux.

Faisant de son mieux en prenant tout le blâme sur elle-même

Pendant ce temps, elle a rencontré un homme et a essayé de se reposer sur lui, mais c'était un homme avec un cœur tellement mauvais. Il n'a pas essayé de soutenir la famille, mais au contraire, il était joueur de jeux d'argent. Il a demandé à Marie de Magdala de lui apporter plus d'argent, criant souvent sur elle et la battant.

Marie de Magdala a commencé un travail de couture, pendant qu'elle cherchait une source plus stable de revenus. Mais parce qu'elle était naturellement faible et travaillait tout le jour, elle est devenue même plus faible encore et devait se reposer sur quelqu'un d'autre, même pour se mouvoir. Cependant, malgré que le mari soit supporté par elle, il ne lui était nullement reconnaissant et la disgraciait même et la battait. Marie de Magdala ne le haïssait pas mais elle était seulement désolée de ne pas pouvoir être d'un plus grand secours pour cet homme à cause de la faiblesse de son corps, et elle considérait toute sa maltraitance comme étant raisonnable.

Pendant qu'elle était dans une telle situation désespérée, abandonnée par ses parents, ses frères et son mari, elle a entendu une très bonne nouvelle. Elle a entendu parler de Jésus, qui accomplissait des oeuvres miraculeuses telles que faire voir les aveugles et parler les sourds. Lorsque Marie de Magdala a entendu parler de toutes ces choses, elle n'avait aucun doute à propos des signes et miracles accomplis par Jésus parce que son coeur était tellement bon. Au contraire, elle avait la foi que sa faiblesse et ses maladies pouvaient être guéries une fois qu'elle aurait rencontré Jésus.

Elle aspirait à rencontrer Jésus avec foi. Finalement, elle a entendu que Jésus était venu dans son village et était resté dans la maison d'un Pharisien nommé Simon.

Versant du parfum avec foi

Marie de Magdala était tellement heureuse qu'elle a acheté du parfum avec l'argent qu'elle avait économisé avec sa couture. On ne peut pas décrire de manière adéquate ce qui s'est passé dans ses émotions jusqu'à ce qu'elle rencontre Jésus.

Les gens ont essayé de l'empêcher de s'approcher de Jésus à cause de ses vêtements élimés, mais personne ne pouvait arrêter sa passion. Malgré les mauvais regards des gens, Marie de Magdala s'est présentée devant Jésus et a versé sans arrêt ses larmes tandis qu'elle voyait son doux visage.

Elle n'osait pas se tenir debout devant Jésus, c'est pourquoi, elle s'est présentée derrière Lui. Lorsqu'elle fut à Ses pieds, elle a même versé plus de larmes et a arrosé Ses pieds. Elle a frotté Ses pieds avec ses cheveux et a brisé l'amphore de parfum pour le verser sur eux, parce qu'à ses yeux, Il était tellement précieux.

Parce que Marie de Magdala est venue devant Jésus avec beaucoup d'honnêteté, elle n'a pas seulement été pardonnée de ses péchés pour atteindre son salut, mais il y eut aussi une merveilleuse œuvre de guérison pour guérir toutes ses maladies internes et sa maladie capillaire également. Toutes les parties de son corps ont commencé à fonctionner à nouveau normalement, et elle commença à avoir des menstruations. Son visage qui avait paru tellement affreux à cause des nombreuses maladies fut rempli de joie et de bonheur et son corps qui avait été très faible est devenu sain. Elle a retrouvé sa dignité de femme à nouveau, n'étant plus liée par la puissance des ténèbres.

Suivant Jésus jusqu'au bout

Marie de Magdala a expérimenté quelque chose pour laquelle elle était plus reconnaissante que pour la guérison. C'était le fait qu'elle avait rencontré une personne qui lui a manifesté un amour débordant qu'elle n'avait jamais reçu de personne auparavant. À partir de ce moment, elle a dévoué tout son temps et sa passion à Jésus avec tant de joie et de reconnaissance. Parce que sa santé était restaurée, elle a pu soutenir Jésus financièrement avec sa couture ou d'autres travaux, et elle L'a suivi de tout son cœur.

Marie de Magdala n'a pas seulement suivi Jésus lorsqu'Il a accompli des signes et des miracles et a changé la vie de plusieurs avec des messages puissants, mais a également été avec Lui lorsqu'Il a souffert par les soldats Romains et a pris la croix. Même lorsque Jésus était pendu à la croix, elle était là. Malgré le fait que sa simple présence pouvait lui coûter la vie, Marie de Magdala est montée à Golgotha, en suivant Jésus qui portait la croix.

Qu'aurait-elle dû ressentir pendant que Jésus, qu'elle aimait profondément souffrait une si grande douleur et versait tout son sang et l'eau?

> Seigneur, que ferais-je, que ferais-je?
> Seigneur, puis-je vivre?
> Comment puis-je vivre sans Toi, Seigneur?

> ...

> Si je pouvais seulement prendre le sang que Tu as versé
> Si je pouvais seulement porter la douleur que tu as soufferte.

> ...

> Seigneur, je ne puis vivre sans Toi.
> Je ne puis pas vivre à moins que je sois avec Toi.

Marie de Magdala n'a pas ôté ses yeux de Jésus jusqu'à ce qu'Il ait expiré, et elle a essayé de graver le scintillement de Ses yeux et Son visage profondément dans son cœur. De plus, elle a regardé Jésus jusqu'à Son dernier instant et a suivi Joseph d'Arimathée qui a placé le corps de Jésus dans un tombeau.

Témoignant du Jésus ressuscité à l'aube

Marie de Magdala a attendu que le Sabbat soit passé, et à l'aube du premier jour après le Sabbat, elle est allée à la tombe pour oindre de parfum le corps de Jésus. Elle ne pût cependant pas trouver Son corps. Elle était profondément triste et a pleuré, et le

Seigneur ressuscité lui est apparu. C'est la manière dont elle a eu l'honneur de rencontrer le Seigneur ressuscité avant quiconque. Même après que Jésus soit mort à la croix, elle ne pouvait pas croire en ce fait. Jésus était son tout et elle l'aimait tellement. Comment elle a dû être heureuse en rencontrant le Jésus ressuscité dans une telle situation! Elle ne pouvait pas arrêter ses larmes à cause de sa forte émotion. Elle n'a d'abord pas reconnu le Seigneur, mais quand Il l'a appelée «Marie», avec une douce voix, elle a pu le reconnaître. Dans Jean 20:17, le Jésus ressuscité lui dit, *«Ne me touche pas, car Je ne suis pas encore monté vers Mon Père. Mais va trouver mes frères, et dis leur que Je monte vers Mon Père et votre Père, vers Mon Dieu et votre Dieu.»* Parce que le Seigneur aimait aussi tellement Marie de Magdala, Il s'est montré à elle avant qu'Il ne rencontre le Père après la résurrection.

Délivrant le message de la résurrection de Jésus

Pouvez-vous vous imaginer combien inimaginablement heureuse devait être Marie de Magdala lorsqu'elle a rencontré le Seigneur ressuscité, qu'elle avait tant aimé? Elle avait confessé qu'elle voulait rester avec le Seigneur à jamais. Le Seigneur connaissait son cœur mais Il lui a dit qu'elle ne pouvait pas rester avec Lui pour le temps présent et Il lui a donné une mission. Elle devait délivrer la nouvelle au sujet de Sa résurrection aux disciples parce que leurs esprits devaient être réconfortés après le choc de la crucifixion de Jésus.

Dans Jean 20:18, nous voyons que, *«Marie de Magdala alla annoncer aux disciples qu'elle avait vu le Seigneur, et qu'Il lui avait dit ces choses.»* Le fait que Marie de Magdala ait témoigné de la résurrection du Seigneur avant quiconque d'autre et a délivré ce message aux disciples n'était pas une coïncidence. C'était le résultat de tout son dévouement et service envers le Seigneur avec son amour passionné pour Lui.

Si Pilate avait demandé qui voulait être crucifié à la place de Jésus, elle aurait été la première à dire «Oui» et se serait avancée; Marie de Magdala aimait Jésus plus que sa propre vie et l'a servi avec un dévouement parfait.

L'honneur de servir Dieu le Père

Dieu était tellement content de Marie de Magdala, qui était tellement bonne dans son cœur, sans aucun mal et possédait l'amour spirituel parfait. Marie de Magdala aimait Jésus avec un amour véritable et qui ne change pas depuis qu'elle l'avait rencontré. Dieu le Père qui a reçu son cœur bon et beau, voulait la placer près de Lui et sentir le doux arôme de son cœur. C'est pourquoi, lorsque le temps fut venu, Il a permis à Marie de Magdala d'atteindre la gloire de Le servir, et même de toucher Son trône.

Ce que Dieu le Père souhaite le plus est de gagner de véritables enfants avec lesquels Il peut partager Son amour véritable à jamais. C'est pourquoi, Il a planifié la culture humaine, S'est divisé dans la Trinité, et a attendu et résisté pendant un temps aussi long aux êtres humains sur la terre.

Maintenant, lorsque les lieux de séjour dans le ciel seront tous prêts, le Seigneur va apparaître dans les airs et tenir le banquet de noces avec Ses épouses. Ensuite Il les laissera régner avec Lui pendant mille ans et les conduira vers leurs lieux de séjour célestes. Nous vivrons avec Dieu la Trinité dans le plus grand bonheur et la joie à jamais dans le ciel qui est clair, beau et pur comme le cristal, rempli de la gloire de Dieu. Combien heureux, seront ceux qui entreront dans la Nouvelle Jérusalem puisqu'ils pourront rencontrer Dieu face à face et demeurer avec Lui à jamais.

Il y a deux mille ans, Jésus a demandé, *«Lorsque le Fils de l'homme reviendra, trouvera-t-Il encore de la foi sur la terre?»* (Luc 18:8). Il est très difficile de trouver de la foi véritable de nos jours.

L'apôtre Paul, qui avait conduit la mission de prêcher l'évangile aux Païens, a écrit peu de temps avant sa mort, une lettre à Timothée, son fils spirituel, qui souffrait lui-même de divisions hérétiques et de persécutions de la part de chrétiens.

> *Je t'en conjure devant Dieu et devant Jésus-Christ, qui doit juger les vivants et les morts, et au nom de Son apparition et de Son royaume, prêche la parole, insiste en tout occasion, favorable ou non, reprends, censure, exhorte avec toute douceur et en instruisant. Car il viendra un temps où les hommes ne supporteront pas la saine doctrine; mais ayant la démangeaison d'entendre des choses agréables, il se donneront une foule de docteurs selon leurs propres désirs, détourneront l'oreille de la vérité et se tourneront vers les fables. Mais toi, sois sobre en toutes choses, supporte les souffrances, fais l'œuvre d'un évangéliste, remplis bien ton ministère. Car pour moi, je sers déjà de libation et le moment de mon départ approche. J'ai combattu le bon combat, j'ai achevé ma course, j'ai gardé la foi, et désormais, la couronne de justice m'est réservée; le Seigneur, le juste juge me la donnera dans ce jour-là, et non seulement à moi, mais encore à tous ceux qui auront aimé Son*

avènement» (2 Timothée 4:1-8).

Si vous avez l'espérance du ciel et que vous aspirez à l'apparition du Seigneur, vous devez vous efforcer de vivre selon la parole de Dieu et de combattre le bon combat. L'apôtre Paul s'est toujours réjoui malgré qu'il ait souffert tellement pendant qu'il répandait la bonne nouvelle.

C'est pourquoi, nous devons aussi sanctifier nos cœurs et accomplir nos tâches plus que ce qui nous est demandé pour plaire à Dieu afin que nous puissions partager le véritable amour à jamais en demeurant proche du trône de Dieu.

«Mon Seigneur, qui vient dans les nuées de gloire,
J'aspire au jour où tu vas m'embrasser!
Auprès de Ton trône glorieux,
A jamais, nous allons partager l'amour
Que nous n'avons pas pu partager sur la terre
Et nous rappeler le passé ensemble.
Oh! Je vais aller au royaume céleste en dansant
Lorsque le Seigneur m'appelle!
Oh! Le royaume céleste!»

L'auteur:
Le Dr. Jaerock Lee

Le Dr. Jaerock Lee est né à Muan, dans la Province de Jeonam, en République de Corée en 1943. Dans sa vingtaine, le Dr. Lee a souffert d'une variété de maladies incurables pendant sept ans et il a attendu la mort avec aucun espoir de récupérer. Un jour du printemps 1974 il a été conduit dans une église par sa soeur et lorsqu'il s'est agenouillé pour prier, le Dieu vivant l'a immédiatement guéri de toutes ses maladies.

Dès que le Dr. Lee a rencontré le Dieu vivant au travers de cette merveilleuse expérience, il a aimé Dieu de tout son cœur et sincérité, et en 1978, il a été appelé à devenir un serviteur de Dieu. Il a prié avec ferveur de manière à clairement connaître la volonté de Dieu, l'a complètement accomplie et a obéi à toute la parole de Dieu. En 1982, il a fondé l'Eglise Centrale Manmin à Séoul en Corée et d'innombrables œuvres de Dieu, incluant des guérisons miraculeuses et des prodiges ont eu lieu dans son église.

En 1986, le Dr. Lee a été ordonné en tant que pasteur lors de l'Assemblée annuelle de l'Eglise Sungkyul Jésus de Corée, et quatre ans plus tard, en 1990, ses sermons ont commencé à être retransmis en Australie, en Russie, aux Philippines et dans beaucoup d'autres nations au travers de la Société de Retransmission d'Asie, la Station asiatique de retransmission et le Système Chrétien Radio de Washington.

Trois ans plus tard, en 1993, l'Eglise Centrale Manmin a été sélectionnée comme l'une des «50 Plus grandes églises du monde» par le magazine 'Monde Chrétien' (Etats-Unis) et il a reçu un doctorat honoraire en Divinité du Collège Chrétien de la Foi, en Floride, aux Etats-Unis. Et en 1996, un Ph.D. du ministère du Séminaire Théologique Kingsway, à Iowa, aux Etats-Unis.

Depuis 1993, le Dr Lee a pris la direction de la mission mondiale au travers de nombreuses croisades outremer, aux États-Unis, en Tanzanie, en Argentine, en Ouganda, au Japon, au Pakistan, aux Philippines, au Honduras, au Kenya, en Inde, en Russie, en Allemagne, au Pérou, en République Démocratique du Congo, en Israël et en Estonie.

Depuis 1993, le Dr Lee s'est investi pour l'évangélisation dans le monde au travers de nombreuses croisades outre-mer en Tanzanie, en Argentine, à Los Angeles, à Baltimore, à Hawaï, à New York, en Ouganda, au Japon, au Pakistan, au Kenya, aux Philippines, au Honduras, en Inde, en Russie, en Allemagne, au

Pérou, en République Démocratique du Congo, en Israël et en Estonie.

En 2002, il a été nommé «pasteur de réveil du monde entier» par de grands journaux chrétiens de Corée pour son travail puissant dans diverses croisades d'outre-mer. En particulier, sa croisade à New York de 2006 qui s'est tenue à Madison Square Garden, la plus célèbre des arènes, a été diffusée dans 220 pays, et sa croisade Unifée d'Israël de 2009 qui s'est tenue au Centre de Convention International de Jérusalem durant lesquelles il a vigoureusement proclamé Jésus-Christ comme Messie et Sauveur. Son sermon a été diffusé vers 176 nations via satellites y compris GCN TV et il a été répertorié comme l'un des 10 dirigeants chrétiens les plus influents de 2009 et 2010 par le magazine populaire chrétien russe *In Victory* et par la nouvelle agence *Christian Telegraph* pour son puissant ministère d'émissions télévisées et de travail pastoral auprès d'églises d'outre-mer.

Depuis mars 2013, l'Eglise Centrale Manmin possède une congrégation de plus de 120.000 membres. Il y a 10.000 églises branches en Corée et dans le monde, et à ce jour, plus de 129 missionnaires ont été commissionnés vers 23 pays, y compris les Etats-Unis, la Russie, l'Allemagne, le Canada, le Japon, la Chine, la France, l'Inde et de nombreux autres.

Jusqu'au jour de cette publication, le Dr Lee a écrit 84 livres y compris les bestsellers, *Goûter à la Vie Eternelle avant la Mort, Ma Vie Ma Foi I et II, Le Message de la Croix, La Mesure de Foi, Le Ciel I et II, L'Enfer* et *La Puissance de Dieu*. Ses œuvres ont été traduites dans plus de 75 langues.

Ses chroniques chrétiennes paraissent dans *Le Hankook Ilbo, Le JoongAng Daily, Le Dong-A Ilbo, Le Munhwa Ilbo, Le Seoul Shinmun, Le Kyunghyang Shinmun, Le Korea Economic Daily, Le Korea Herald, Le Shisa News* et *Le Chistian Press*.

Le Dr. Lee est présentement dirigeant de nombreuses organisations missionnaires et associations, y compris Président de l'Eglise Unifiée de Sanctification de Jésus-Christ; Président, Mission Mondiale Manmin; Fondateur et Président du Conseil du Réseau Mondial Chrétien (GCN); fondateur et président du conseil du Réseau Mondial de Médecins Chrétiens (WCDN) et fondateur et président du conseil du Séminaire International Manmin (MIS)

Autres livres puissants du même auteur

Le Ciel I

Une esquisse détaillée de l'environnement de vie merveilleux dont jouiront les citoyens célestes au milieu de la gloire de Dieu.

Le Message de la Croix

Un puissant message de réveil pour tous les peuples qui sont spirituellement endormis. Dans ce livre, vous trouverez le véritable amour de Dieu et pourquoi Jésus est notre seul Sauveur.

Enfer

Un message sérieux de Dieu à toute l'humanité, qui souhaite que même pas une seule âme ne tombe dans les profondeurs de l'enfer! Vous découvrirez le compte rendu jamais révélé auparavant de la cruelle réalité de l'Hadès et de l'Enfer.

Goûter à la Vie Eternelle avant la Mort

Les mémoires témoignage du Révérend Dr. Jaerock Lee qui est né de nouveau et sauvé de la vallée de la mort et a vécu une vie chrétienne exemplaire.

La Mesure de Foi

Quel type de lieu de séjour céleste et quelles espèces de couronnes sont préparés dans le ciel ? Ce livre donne sagesse et direction pour mesurer votre foi et cultiver la foi la plus parfaite et mature.

Réveille-toi Israël

Pourquoi Dieu a-t-il gardé les yeux fixés sur Israël depuis le commencement du monde jusqu'à ce jour ? Quel type de providence a été préparé pour Israël qui attend le Messie dans les derniers jours.

Ma Vie, Ma Foi I et II

L'autobiographie du Dr. Jaerock Lee produit le plus odorant arôme spirituel pour les lecteurs, au travers de sa vie extraite de l'amour de Dieu qui a fleuri au milieu de vagues ténébreuses, d'un joug glacial et d'un profond désespoir.

La Puissance de Dieu

Un livre à lire absolument qui sert en tant que guide essentiel par lequel on peut posséder la foi véritable et expérimenter la merveilleuse puissance de Dieu.

www.urimbooks.com

www.ingramcontent.com/pod-product-compliance
Lightning Source LLC
LaVergne TN
LVHW041924070526
838199LV00051BA/2722